Tester et développer
sa mémoire

Éditions Eyrolles
61, boulevard Saint-Germain
75240 Paris Cedex 05
www.editions-eyrolles.com

Direction de la collection « Eyrolles pratique » : gheorghi@grigorieff.com
Maquette intérieure : M2M
Mise en page : Compo-Méca s.a.r.l.

Le code de la propriété intellectuelle du 1er juillet 1992 interdit en effet expressément la photocopie à usage collectif sans autorisation des ayants droit. Or, cette pratique s'est généralisée notamment dans les établissements d'enseignement, provoquant une baisse brutale des achats de livres, au point que la possibilité même pour les auteurs de créer des œuvres nouvelles et de les faire éditer correctement est aujourd'hui menacée.
En application de la loi du 11 mars 1957, il est interdit de reproduire intégralement ou partiellement le présent ouvrage, sur quelque support que ce soit, sans autorisation de l'Éditeur ou du Centre Français d'Exploitation du Droit de Copie, 20, rue des Grands-Augustins, 75006 Paris.

© Groupe Eyrolles, 2004
ISBN 10 : 2-7081-3561-9
ISBN 13 : 978-2-7081-3561-1

Patrick de Sainte Lorette
Jo Marzé

Tester et développer
sa mémoire

Deuxième tirage 2007

EYROLLES

Autres ouvrages des mêmes auteurs :

- *Le CV et la lettre de motivation*, Éditions Eyrolles (4e édition), 2006
- *L'entretien de motivation*, Éditions Eyrolles (4e édition), 2004
- *La lettre de motivation* (spécial étudiant), Éditions d'Organisation, collection Méthod'sup (7e édition), 2006. Traduit en portugais : *A carta de candidatura*, publicaçoes europa-américa, colecçao métodos, n° 15, 1997
- *L'épreuve d'entretien aux concours*, PUF, collection Major (6e édition), 2005

De Patrick de Sainte Lorette et Corinne Goetz :

- *Faites le bilan de vos compétences*, Éditions Eyrolles, 2006
- *Dans quels métiers pouvez-vous réussir ?* Éditions d'Organisation, collection Méthod'sup, 1993. Traduit en roumain : *Alege profesia care iti aduce succesul*, Rentrop & Straton, 2003

Sommaire

Préambule 9

Première partie : Évaluer et améliorer ses aptitudes 11

Chapitre 1 : Les aptitudes physiques 15

Chapitre 2 : Les aptitudes psychiques 33

Chapitre 3 : Les aptitudes intellectuelles 45

Deuxième partie : Utiliser des méthodes efficaces et adaptées 53

Chapitre 4 : Les méthodes logiques 57

Chapitre 5 : La mnémotechnie 79

Troisième partie : Annexes 103

Réponses aux exercices 105

Table des exercices 115

Table des matières 117

Remerciements

Nous remercions les établissements d'enseignement (secondaires, supérieurs, techniques, classes préparatoires) qui, en s'adressant à l'ITEC[1], nous ont permis d'animer des cours portant sur les techniques de mémorisation et la lecture efficace (vitesse, compréhension, mémorisation).

Nous remercions aussi les entreprises et administrations qui, en faisant appel à l'IRSEP[2], nous ont également offert la possibilité d'animer des sessions portant sur les mêmes thèmes.

Ils ont ainsi contribué à la réalisation de ce guide.

---

1. L'ITEC, Institut des techniques d'expression et de communication (01 40 72 65 68), anime dans les établissements d'enseignement des cours portant sur l'efficacité personnelle (recherche d'emploi ou de stage, communication, expression orale...) et sur les relations humaines (techniques d'entretien, de réunion, de négociation, de résolution de problèmes, préparation aux responsabilités d'encadrement...).

2. L'IRSEP, Institut des relations sociales et de l'efficacité personnelle (01 45 24 55 08), anime dans les entreprises et les administrations des sessions de formation portant notamment sur l'efficacité personnelle, les relations humaines, le management, les relations commerciales, l'accueil.

Préambule

Vous souhaitez sans doute obtenir des résultats efficaces et rapides. Vous ne disposez pas de beaucoup de temps pour vous lancer dans une étude et un travail trop compliqués. Vous appliquez peut-être déjà un certain nombre de techniques et de conseils pour mémoriser.

Ce guide est conçu pour vous permettre d'adapter votre lecture à vos besoins et à vos disponibilités. Vous pourrez vous informer uniquement sur les aptitudes à développer, les méthodes logiques ou la mnémotechnie. Chaque chapitre est autonome et il n'est pas nécessaire d'avoir lu les précédents pour le comprendre.

Lors des entraînements aux techniques de mémorisation que nous animons, de nombreux participants nous ont indiqué qu'ils ne disposaient pas de véritables méthodes adaptables à leurs situations pour améliorer leur mémoire.

Voilà pourquoi nous avons conçu ce guide avec le souci constant, comme dans nos précédents ouvrages portant sur la recherche d'emploi, de proposer des méthodes simples et efficaces. Celles-ci peuvent être appliquées par tous et dans tous les domaines. Vous pourrez facilement les mettre en œuvre. Pour les illustrer, vous trouverez des tests d'auto-évaluation, des exercices et des exemples variés.

Tester et développer sa mémoire

Pour renforcer sa mémoire, il faut savoir appréhender, assimiler, ancrer :
- appréhender est pris dans le sens de comprendre, saisir par la pensée ;
- assimiler est pris dans le sens de considérer, rendre semblable, identifier à, établir une comparaison, absorber, digérer ;
- ancrer est pris dans le sens d'enraciner, fixer, affermir. Il s'agit d'indexer les souvenirs, de leur attribuer une véritable adresse significative et repérable.

Pour mieux appréhender, assimiler, ancrer, il faut améliorer ses aptitudes et utiliser les bonnes méthodes.

Première partie

Évaluer et améliorer ses aptitudes

Vous connaissez sans doute l'histoire de Mozart qui, à quatorze ans, a retenu l'intégralité du *Miserere* d'Allegri, d'une durée de 15 minutes environ, après avoir écouté cette œuvre une seule fois, le 11 avril 1770, à la chapelle Sixtine du Vatican. Malgré la complexité reconnue de l'œuvre, Mozart a été capable de retranscrire l'intégralité de la partition, tenue secrète jusqu'alors, sans aucune fausse note.

Des exemples aussi remarquables existent dans tous les domaines.

Pour obtenir des résultats aussi exceptionnels ou tout simplement pour obtenir des résultats satisfaisants, il faut tout d'abord développer certaines aptitudes :

- physiques ;
- psychiques ;
- intellectuelles.

Chapitre 1
Les aptitudes physiques

Nous disposons de cinq mémoires sensorielles :
- visuelle ;
- auditive ;
- tactile ;
- gustative ;
- olfactive.

À ces mémoires sensorielles, il est nécessaire d'ajouter la mémoire motrice qui inclue la mémoire du mouvement gestuel, du langage oral, de l'écriture.

Ces mémoires sensorielles et la mémoire motrice peuvent agir isolément ou simultanément. Elles ne sont pas toutes sollicitées de façon égale dans notre vie quotidienne. Leurs capacités sont pourtant impressionnantes. C'est ce que révèle toujours l'entraînement spécifique.

Toutes ces mémoires peuvent être considérablement développées. D'ailleurs les handicapés, pour compenser l'absence d'un sens, développent considérablement les autres.

C'est aussi le cas de certains professionnels (par exemple, les œnologues, les « nez » dans une fabrique de parfum...) :
- **La mémoire tactile** est très développée dans les professions qui vérifient au toucher la qualité, la souplesse d'un produit (denrée, tissu, etc.) ;

Tester et développer sa mémoire

- **La mémoire gustative** est utilisée notamment dans les professions du secteur de l'alimentaire (cuisiniers, goûteurs d'eau…) mais aussi par les consommateurs ;
- **La mémoire olfactive** est de loin la moins sollicitée (chez l'humain), utilisée la plupart du temps comme simple complément d'une autre. La mémoire olfactive prioritaire n'apparaît guère qu'en parfumerie et dans quelques rares activités où les senteurs sont la finalité. Ce sens était certainement bien plus usité auparavant, ne serait-ce que pour répondre à des besoins d'informations que nous ne pouvions obtenir autrement. Mais cela est moins nécessaire de nos jours avec l'étiquette mentionnant le nom du produit, la date de péremption et la fiche nutritionnelle ;
- **La mémoire motrice** est indissociable de toutes nos actions. Se lever, se laver, se vêtir, se déplacer, parler, écrire, peindre, jouer du piano, taper sur le clavier de l'ordinateur y font appel avec des exigences diverses. Toujours agissante, de façon automatique, inconsciente, nous avons tendance à l'oublier et la négliger ;
- **La mémoire visuelle et la mémoire auditive** sont nécessaires dans toutes les situations (scolaires, professionnelles, sociales, etc.).

Une bonne condition physique est également nécessaire.

Pour le processus de mémorisation, les aptitudes physiques qui peuvent être utilement améliorées par tous sont :

- la mémoire visuelle ;
- la mémoire auditive ;
- les conditions physiques.

1. Les aptitudes physiques

Évaluez et améliorez votre mémoire visuelle

La mémoire visuelle est particulièrement mise à contribution dans nos activités courantes. Il est certes difficile d'exécuter beaucoup d'actes élémentaires les yeux fermés. Manger, travailler, se déplacer, conduire, discuter même, sont des actions qui s'effectuent les yeux ouverts. Il est donc, à partir de là, difficile de ne pas « voir » des choses. De tout ce qui aura été vu, une partie, la moins banale sans doute, sera forcément mémorisée.

Alors, s'agit-il de la mémoire la mieux entraînée car la plus sollicitée ? Pas forcément car, paradoxalement, plus on « voit » de choses, plus on perd l'habitude de « regarder ».

Les exercices qui suivent l'illustrent bien.

Exercices d'auto-évaluation

Exercice n° 1 : l'horloge

Mettez dans le cercle ci-dessous les douze chiffres romains (I, II...) inscrits sur une horloge. Ne regardez surtout pas la réponse dès maintenant.

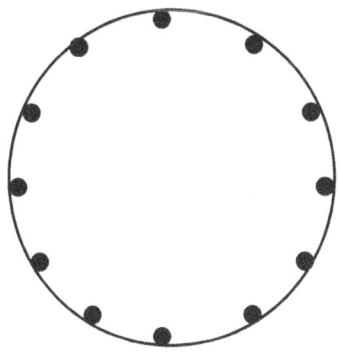

Tester et développer **sa mémoire**

Lorsque vous aurez fait l'exercice, regardez la réponse en fin d'ouvrage.

Comme vous l'aurez peut-être constaté dans cet exercice (ou par exemple en recueillant des témoignages non concordants au moment d'un accident), la mémoire visuelle est entraînée à retenir, mais pas toujours à bien retenir. C'est en cela que nous pouvons l'améliorer.

Voici un autre exercice pour tester vos capacités de mémoire visuelle.

Exercice n° 2 : la planche d'objets

Regardez attentivement la planche d'objets (ci-contre) pendant 2 minutes. Puis cachez cette planche et inscrivez aussitôt sur une feuille le nom de tous les objets dont vous vous souvenez.

Comptez ensuite combien vous en avez retenu et regardez votre évaluation en fin d'ouvrage.

1. Les aptitudes physiques

Votre total : ... / 20

Tester et développer sa mémoire

Exercice n° 3 : les déserts, un problème d'eau

Lisez attentivement le texte ci-dessous (extrait des *Mammifères* de R. Burton) en une seule fois et sans revenir en arrière, puis répondez aux questions qui suivent.

« Un désert recueille moins de 25 cm de pluie par an. Si certaines régions désertiques peuvent enregistrer cette quantité chaque année, en d'autres endroits, la pluie est sporadique ou fait défaut des années durant. Les espèces des déserts sont donc nécessairement adaptées pour survivre sans eau pendant de longues périodes, ou pour tirer le meilleur profit de l'eau disponible. Il fait généralement chaud dans les déserts et les animaux doivent éviter les températures extrêmes, ou y résister, ainsi qu'à la sécheresse. Mais il existe aussi des déserts froids. Les régions polaires sont des déserts, car elles reçoivent très peu de neige. Les déserts de Gobi (en Mongolie) et d'Atacama (au Chili) sont également des déserts froids.

Les mammifères du désert ont deux façons de se procurer l'eau nécessaire : ils boivent ou ils extraient la quantité d'eau nécessaire de leur nourriture. Les mammifères carnivores, tels les renards, se nourrissent de rongeurs, et les rongeurs se nourrissent eux-mêmes d'insectes. Tous deux trouvent une grande partie de leur eau en absorbant les fluides de leur proie. Les herbivores récupèrent l'eau de leur nourriture, mais, comme les plantes des déserts sont souvent très sèches, ces mammifères sont obligés de conserver leurs réserves de diverses façons.

L'eau est perdue sous forme d'urine, par évaporation lors de la respiration ou de la transpiration. Les mammifères du désert excrètent une urine très concentrée ; ils sont capables d'évacuer l'urée de leur corps avec beaucoup moins d'eau que les autres mammifères. Quelques rongeurs du désert récupèrent l'humidité expirée et ne transpirent pas. Ils vivent le jour dans des terriers, évitant ainsi les chaleurs les plus pénibles. Puisque les températures sont fraîches à quelques centimètres du sol et que l'air des terriers est assez humide, ils perdent moins d'eau par les poumons lors de la respiration. Le rat kangourou américain et la gerboise du Sahara économisent l'eau de façon si efficace qu'ils peuvent vivre en mangeant de la nourriture sèche et sans boire ! Toutefois, les écureuils terrestres évitent les mois les plus chauds en dormant durant tout l'été.

1. Les aptitudes physiques

Les plus grands mammifères ne peuvent éviter l'aridité ambiante en creusant des terriers. Ils profitent au maximum de la moindre parcelle d'ombre et une épaisse couche de poils les aide à se protéger du soleil. Néanmoins, ils doivent transpirer pour diminuer leur température. Le chameau réduit son taux de transpiration en laissant monter sa température le jour ; il ne transpire pas avant d'avoir atteint 41 °C.

La transpiration, la respiration et l'excrétion consomment progressivement l'eau du corps, mais les chameaux, les ânes sauvages et, dans une moindre mesure, d'autres espèces, résistent mieux à la déshydratation que les mammifères non désertiques. Un chameau peut perdre jusqu'à 30 % de son poids et arrive à compenser rapidement cette perte en buvant jusqu'à 100 litres d'eau en très peu de temps. »

Attendez plus de 20 secondes puis répondez aux questions suivantes sans regarder à nouveau le texte.

1° - Combien de pluie par an recueille en moyenne un désert ?
Votre réponse : ....

2° - À partir de combien de degrés transpire un chameau ?
Votre réponse : ....

3° - Donnez un des deux noms de déserts froids cités dans le texte.
Votre réponse : ....

4° - Quel animal cité évite les mois les plus chauds en dormant l'été ?
Votre réponse : ....

5° - Donnez les deux moyens utilisés par les mammifères du désert (carnivores ou herbivores) pour se procurer de l'eau.
Votre réponse : ....

6° - Quels sont les trois façons de perdre l'eau du corps des mammifères ?
Votre réponse : ....

7° - Parle-t-on dans le texte du rat du Sahara ou de la gerboise kangourou ?
Votre réponse : ....

Consultez les réponses et évaluations en fin d'ouvrage.

Tester et développer sa mémoire

Conseils pour améliorer votre mémoire visuelle

☞ **Pratiquez une méthode de lecture rapide**

La lecture rapide (qui devrait plutôt s'intituler « lecture efficace », car elle ne vise pas seulement la vitesse, mais aussi la compréhension et la mémorisation), renforce les capacités de concentration visuelle.

☞ **Imprégnez-vous de l'ensemble avant de passer aux détails**

Par exemple, regardez préalablement les sommaires, les tables des matières, les programmes, afin d'avoir une vue d'ensemble qui servira de repère utile pour y lier par la suite des détails.

☞ **Entraînez-vous à observer les détails**

Bien sûr, on retient plus facilement une scène, un objet, un visage, un paysage, un tableau, un monument... s'il a été observé en détail.

Évaluez et améliorez votre mémoire auditive

La mémoire auditive est plus sélective, peut-être parce qu'il est plus facile de « se boucher les oreilles » que de « fermer les yeux ».

D'autre part, il ne faut pas confondre « entendre » et « écouter ». En effet, il est fréquent d'entendre la voix d'une personne sans écouter nécessairement ce qu'elle dit. C'est une question d'intention et d'attention.

Là encore, la sélection n'est pas toujours appropriée. Des progrès peuvent être réalisés sur la qualité de l'écoute.

1. Les aptitudes physiques

Exercices d'auto-évaluation

Exercice n° 4 : l'histoire racontée

Voici un petit exercice pour tester votre mémoire auditive.

Faites lire le texte suivant par une autre personne puis essayez de retrouver **par écrit** tout ce qui y est dit (si vous lisez vous-même le texte, vous testez alors votre mémoire visuelle, mais l'exercice n'est pas prévu pour cela).

« Martin Galles / habitant Paris / 19e arrondissement / travaillant / comme veilleur de nuit / dans une tour / a raconté / au poste de police / de son quartier / qu'il avait été attaqué / à la sortie du métro / à 7 heures / et qu'on lui avait volé / 50 euros. / Sa femme / était malade, / il avait 3 / petits enfants, / et ils n'avaient pas mangé / depuis 2 jours. / Le commissaire / ému par son histoire / l'incita à se rendre / aux Restaurants du cœur. »

Lorsque vous aurez terminé cet exercice (inspiré de l'*Échelle clinique de mémoire* de D. Wechsler), regardez la correction en fin d'ouvrage.

Exercice n° 5 : les baleines et les dauphins

Ce troisième exercice sur la mémoire auditive vous permettra de comparer vos résultats avec ceux de la mémoire visuelle testée dans l'exercice « Les déserts, un problème d'eau ». La longueur et le style sont volontairement identiques pour faciliter la comparaison. Avez-vous plus une mémoire visuelle ou une mémoire auditive ? Vous le saurez dans quelques instants.

Tester et développer sa mémoire

Faites lire le texte suivant (extrait des *Mammifères* de R. Burton) par une autre personne en une seule fois puis répondez aux questions qui suivent.

« Les cétacés, ordre dans lequel sont classés, entre autres, les baleines et les dauphins, sont les mammifères les mieux adaptés à la vie aquatique. Au point que, s'il leur arrive de s'échouer sur une plage, ils ne peuvent survivre.

Le corps des cétacés est modelé par l'aérodynamisme et bardé d'une graisse qui constitue leur réserve d'énergie et les isole du froid ambiant.

On dit qu'ils sont homéothermes, car leur température centrale est constante. Ils ont perdu poils et oreilles externes qui auraient pu entraver la nage.

Les membres antérieurs se sont transformés en nageoires et font office de gouvernail. Quant aux membres postérieurs, ils ont disparu.

La queue horizontale, terminée par deux grands lobes, propulse l'animal.

Contrairement aux poissons, dont la respiration sous l'eau est branchiale, les cétacés, descendants de mammifères terrestres, respirent à l'aide de poumons. Ils viennent donc en surface pour respirer, à travers un évent situé sur le sommet de la tête. Certains cétacés plongent très profondément. Le record est détenu par un cachalot qui se prit dans un câble de télégraphe, par 11 355 mètres de fond !

Ces baleines ne sont pas sujettes au "mal des profondeurs" des plongeurs car elles n'emportent que peu d'air dans leurs poumons (une seule inspiration). Ainsi, la quantité d'azote dissous dans le sang est si faible qu'elle ne peut devenir dangereuse.

Les jeunes cétacés naissent la queue la première et doivent, sans attendre, nager vers la surface pour y respirer et régler leur flottabilité.

Les cétacés se partagent en deux groupes : les cétacés à dents ou odontocètes, et les cétacés à fanons ou mysticètes. Ces derniers possèdent, suspendues au palais, des plaques chitineuses ou fanons, frangées de poils. Ces fanons filtrent les essaims de petits animaux, depuis le "krill" – sorte de crevette planctonique – jusqu'aux poissons et aux calmars. Les fanons de la baleine blanche peuvent avoir jusqu'à 3 mètres de long.

1. Les aptitudes physiques

Ces animaux nagent bouche ouverte, et l'eau est envoyée au travers des fanons. Les rorquals, comme la baleine bleue et la baleine à bosse, remplissent leur bouche d'eau, la ferment et, par action de la langue, dirigent l'eau au travers des fanons.
Dans les deux cas, l'animal récolte les petits animaux qui seront avalés.
Les baleines à dents sont plus nombreuses que les baleines à fanons : 66 espèces contre 10. Le cachalot, de nombreux dauphins, les marsouins, l'orque et l'hypérodonte en font partie. Ils se nourrissent surtout de poissons et de calmars, mais l'orque s'attaque aussi aux phoques, aux dauphins et aux oiseaux de mer.
L'orque possède un jeu complet de petites dents triangulaires et coupantes, alors que le cachalot n'a de dents que sur la mâchoire inférieure et que certaines espèces ne possèdent pas plus de deux dents.
Le narval, enfin, n'a qu'une dent, ou défense, qui lui pousse au travers de la lèvre supérieure. »

Attendez plus de 20 secondes puis répondez aux questions suivantes :

1°- Quel est le record de profondeur cité et détenu par un cachalot ?
Votre réponse :..

2° - Combien y a-t-il d'espèces de baleines à dents ?
Votre réponse :..

3° - Donnez le nom des deux groupes de cétacés.
Votre réponse :..

4° - Quel animal cité n'a qu'une dent ?
Votre réponse :..

Tester et développer sa mémoire

5° - Comment respirent les cétacés ?
Votre réponse :..

6° - Pourquoi les baleines ne sont-elles pas sujettes « au mal des profondeurs » des plongeurs ?
Votre réponse :..

7° - Les cétacés ont-ils des membres postérieurs ?
Votre réponse :..

Consultez les réponses et évaluations en fin d'ouvrage.

Conseils pour améliorer votre mémoire auditive

☞ **Ne cherchez pas à tout retenir**

Tout ne peut pas être retenu. La mémoire est sélective. Organisez votre propre sélection en fonction de vos centres d'intérêt, de vos motivations... Sélectionnez des idées, des noms, des nombres... en fonction de leur importance, de leur utilité, de l'actualité, etc.

☞ **Mémorisez immédiatement ce que vous avez sélectionné**

La mémoire ultra-courte s'efface toutes les 20 secondes (cf. supra). Faites immédiatement l'effort de mémoriser ce qui vous semble important ou nécessaire.

👋 La mémoire ultra-courte (10 à 20 secondes), ou empan, correspond à la mémoire immédiate de ce qui est perçu.

1. Les aptitudes physiques

Évaluez et améliorez votre condition physique

Exercice d'auto-évaluation

Exercice n° 6 : condition physique

	Jamais	Parfois	Souvent	Toujours
Je mange du lait, des fromages, des œufs, des yaourts	0	1	2	3
Je bois plus d'un litre d'eau par jour	0	1	2	3
Il fait trop chaud dans la pièce où je travaille	3	2	1	0
Je fais du sport	0	1	2	3
Je dors régulièrement entre six et neuf heures par nuit	0	1	2	3
Je consomme des boissons alcoolisées	3	2	1	0
Je mange du poisson, des abats, de la viande de bœuf, des légumes verts	3	2	1	0
J'aère régulièrement la pièce où je travaille	0	1	2	3
Je ne fume pas	0	1	2	3
Je mange des amandes, des noix, des noisettes, du chocolat, du pain complet	0	1	2	3

Tester et développer sa mémoire

Faites le total de tous vos points pour obtenir une note sur 30, puis consultez vos résultats en fin d'ouvrage.

Votre total : ... / 30

Conseils pour améliorer votre condition physique

☞ **Trouvez un équilibre alimentaire**

Pour satisfaire notamment aux exigences de ses fonctions cérébrales, notre organisme a besoin de certaines substances dont l'insuffisance entraîne des baisses importantes de performances intellectuelles. Voici une liste de ces principales substances et des aliments qui en sont particulièrement riches.

- **Calcium et phosphore :** lait, fromage, œuf, germe de blé, amande, noix, noisette...
- **Magnésium :** pain complet, germe de blé, noix, noisette, légume vert, cacao, chocolat...
- **Aminoacides :** viande de bœuf, abats, poisson, lait, levure de bière...
- **Vitamines B :** germe de blé, levure de bière, noix, noisette, yaourt...

Cette liste n'est pas exhaustive. Le problème du dosage est délicat car ce que l'on gagne en mémoire, on le gagne aussi parfois en poids !

☞ **Dormez régulièrement et suffisamment**

Chez l'adulte, la durée du sommeil varie de six à neuf heures par cycle de vingt-quatre heures.

☞ **Aérez régulièrement votre pièce de travail**

Le cerveau est un grand consommateur d'oxygène. En situation normale de relaxation, le débit d'oxygène est de 45,5 millilitres par minute charriés

1. Les aptitudes physiques

par 650 millilitres de sang. Ce volume peut augmenter localement de 10 % à 20 % pendant l'exécution d'un travail cérébral.

Une oxygénation insuffisante par mauvaise irrigation entraîne une baisse de vigilance, de réactivité intellectuelle et de capacité de mémorisation. La mémoire se voit donc facilitée par l'adoption d'une régularité respiratoire comme dans la pratique sportive. Les atmosphères confinées ou viciées sont à épurer. Il est bon de provoquer, même en hiver, un courant d'air dans la pièce de travail de façon à ce que l'air résiduel vicié soit rapidement renouvelé. La température se rétablira en quelques minutes car les véritables accumulateurs de chaleur sont les murs et les meubles plus que l'air ambiant.

☞ **Cherchez la fraîcheur**

Le froid contracte les vaisseaux sanguins et entraîne la diminution de leur volume intérieur ce qui, le volume de sang propulsé par minute étant constant, augmente la pression artérielle, d'où une meilleure irrigation et oxygénation du cerveau. Après un sauna, les Finlandais plongent souvent dans l'eau froide ou se roulent dans la neige. On peut effectivement constater de meilleures réactions après une douche froide ou une simple aspersion du visage. S'il fait chaud, buvez des boissons fraîches ; s'il fait froid dehors, faites un petit tour à l'extérieur.

☞ **Réduisez votre consommation d'alcool et de tabac**

Ces deux toxiques pénalisent le bon fonctionnement du cerveau, la rapidité de réaction et particulièrement les facultés de mémorisation. Ce sont des faux amis par excellence car, par leurs effets, ils créent une confusion entre l'amplification de l'excitation et l'augmentation de la vigilance. Or la première s'accroît alors que l'autre diminue.

☞ **Buvez de l'eau pour éliminer les toxines**

Les toxines sont le résultat du traitement des aminoacides par l'organisme. Contenues dans le sang sous forme d'urée, elles sont évacuées régulièrement par les urines. Un taux de toxines excessif dans le sang,

Tester et développer sa mémoire

même momentané, aura les mêmes effets négatifs que les toxiques. En cas de travail intellectuel intensif, la quantité d'aminoacides traités augmente, donc la production de toxines s'accroît. Dans ce cas, il est bon de boire de l'eau systématiquement afin de favoriser leur élimination normale par les urines (20 g/litre) et la sueur (1 g/litre).

Chapitre 2
Les aptitudes psychiques

Les aptitudes psychiques particulièrement utiles pour la mémoire sont :
- la concentration ;
- l'organisation.

Évaluez et améliorez vos aptitudes de concentration

La concentration est la faculté de s'appliquer, de tendre son esprit vers quelque chose, de ne pas avoir l'attention attirée par d'autres choses, de ne pas se laisser distraire.

Exercices d'auto-évaluation

Exercice n° 7 : les 11 lettres

Lisez très rapidement à voix haute puis répétez immédiatement (avant 10 ou 20 secondes) les lettres suivantes :

W – M – B – D – R – O – F – T – A – I – F

Vous constatez qu'avec un peu de concentration, il vous est facile de redire la totalité ou presque de cette liste machinalement, c'est-à-dire sans y réfléchir et sans avoir retenu l'information. Vous avez fait jouer la mémoire ultra-courte, la mémoire immédiate de ce qui est perçu, dont la durée de vie n'excède pas 10 à 20 secondes. C'est une mémoire tampon provisoire. À l'issue de ce laps de temps, l'information saisie doit être assimilée puis fixée. Sinon, « l'écran » s'efface et les données seront vraisemblablement perdues.

Exercice n° 8 : les 19 lettres

Si vous avez réussi facilement à redire la liste précédente, essayez à nouveau avec une liste plus longue, toujours en répétant immédiatement. Mais cette fois-ci, lisez à haute voix une lettre toutes les 2 secondes :

T – A – I – F – I – D – U – A – W – M – B – L – E – P – O – D – R – O - F

Consultez votre évaluation en fin d'ouvrage. Si vous n'avez pas réussi, c'est normal. En effet, à raison de 2 secondes par lettre, vous avez mis plus de 20 secondes pour retenir l'ensemble et vous n'étiez plus en phase de mémoire ultra-courte.

Exercice n° 9 : des « s » et des « e »

Évaluez vos possibilités et votre type de concentration avec l'exercice suivant.

Prenez un crayon à pointe fine ou un stylo.

Dans le texte qui suit (de Tristan Bernard, *Sous toutes réserves*), vous devez souligner alternativement toutes les lettres « s » et « e » (ou « é » ou « è » ou « ê ») en soulignant d'abord la première lettre « s » du texte, puis la première lettre « e » (ou « é » ou « è » ou « ê ») qui suit et est la plus rapprochée du « s » souligné précédemment, puis la première lettre « s » qui suit et est la plus rapprochée du « e » (ou « é » ou « è » ou « ê ») souligné précédemment, etc. Chronométrez-vous et essayez d'aller le plus vite possible.

Après exécution, regardez le corrigé et l'évaluation en fin d'ouvrage.

2. Les aptitudes psychiques

« Ma chère maman,

Si je ne t'ai pas écrit, ces temps-ci, c'est que nous avons passé de tristes moments et que je ne tenais pas à t'affliger. Au commencement du mois, nous nous sommes vus à bout de ressources et tu as failli apprendre des nouvelles lamentables par le journal de notre localité. Henri n'avait pas touché les trois cents francs qu'on lui avait promis. On devait de l'argent à tous les fournisseurs qui ne voulaient plus nous livrer à crédit. Aussi, vois-tu, jeudi dernier, nous avons failli dîner à la strychnine. Mon mari était déjà descendu pour préparer la dose dans son laboratoire...

Mais avant d'en venir à cette extrémité, je me suis agenouillée, chère maman, j'ai prié avec ferveur et ô miracle ! le timbre de la porte a retenti, un homme s'est précipité dans la boutique.

Dieu avait entendu ma prière : un cas d'angine diphtérique venait de se déclarer dans notre ville.

Le lendemain, autre cas chez le maire. Il est très riche, maman. Il a fait chercher à profusion des pinceaux, de l'iode, que sais-je ? enfin de quoi payer notre boucher.

La chance continuant, le domestique du château tombe de cheval et se casse la jambe. On lui a fait l'amputation. Nous leur avons envoyé dix paquets de ouate antiseptique et du sublimé ! et du taffetas gommé, chère maman, trois mètres de taffetas gommé ! Et le soir même de ce jour, tout juste à point pour payer l'école de notre petit Gaston, un homme, à côté de chez nous se fait mordre par un chien enragé !

Hier soir, nous sommes allés au théâtre où une troupe de passage jouait le *Carnaval d'un merle blanc*, Mon mari m'a payé le spectacle, grâce à une petite épidémie de cholérine qui s'était déclarée dans l'après-midi à l'asile des vieillards.

Nous t'embrassons cent fois, maman. Embrasse papa.

Lucienne.

PS : La providence se lasserait-elle ? Il nous arrive un malheur. Le père Galouche vient de mourir. C'était un si brave homme et qui souffrait si régulièrement et si cruellement de crises hépatiques. Il avait un bon compte à la maison. »

Temps réalisé : ......

Tester et développer sa mémoire

Exercice n° 10 : cartes remémorées

Découpez une feuille de papier en seize morceaux égaux et notez sur chaque partie un nom (propre ou commun). Ou prenez un jeu de seize cartes. Battez ensuite les bouts de papier ou les cartes puis regardez-les successivement. Essayez ensuite de vous les remémorer dans l'ordre.

Votre résultat : ... / 16

Consultez votre évaluation en fin d'ouvrage.

Si vous avez encore un peu de courage, essayez ce dernier exercice sur la concentration.

Exercice n° 11 : interruptions

Réfléchissez pendant 5 minutes à votre emploi du temps détaillé de la veille chronologiquement (activités, personnes rencontrées, idées exprimées ou entendues, etc.) Puis notez le nombre de fois où votre esprit vagabonde (ne pense à rien ou pense à autre chose).

Votre nombre d'interruptions : ...

Consultez votre évaluation sur cet exercice en fin d'ouvrage.

Conseils pour améliorer votre concentration

☞ **Isolez-vous**

C'est un des éléments les plus propices à la concentration. Évitez le bruit. Ne vous laissez pas distraire pas les objets ou les personnes.

2. Les aptitudes psychiques

☞ Installez-vous confortablement

Un matériel inconfortable suscite des réactions physiques répétées monopolisant plus ou moins l'attention et l'énergie :

- placez-vous perpendiculairement aux ouvertures les plus lumineuses afin de neutraliser au mieux les phénomènes d'éblouissement et d'ombre portée du corps ;
- utilisez de préférence l'éclairage naturel qui est le meilleur quand il est suffisamment intense ;
- sinon, utilisez un éclairage artificiel suffisant, sans être agressif ; de préférence, il sera constitué d'une lumière d'ambiance pour l'ensemble de la pièce et d'une lumière d'appoint convenablement dirigée sur le plan de travail en épargnant les yeux ;
- utilisez un siège et un bureau proportionnés entre eux et conformes à votre morphologie.

☞ Prenez des habitudes

En règle générale, l'habitude est plutôt synonyme de monotonie, de tics inutiles. Pour la concentration, il convient de lui rendre grâce. L'habitude de travailler régulièrement au même endroit, à certaines heures, pendant un certain temps, d'une certaine façon, favorise le réflexe conditionnel de la concentration. De même, le fait de se coucher à la même heure, dans le même lit, dans la même position, favorise le réflexe conditionnel du sommeil.

☞ Renforcez votre motivation

Nous retenons plus facilement ce que nous savons être important ou utile pour nous, ce qui nous motive. La motivation peut avoir diverses causes, notamment :

Tester et développer **sa mémoire**

- la nécessité (passage en année supérieure, mutation professionnelle) ;
- l'utilité (connaissances acquises) ;
- la curiosité (connaissances nouvelles) ;
- le danger (redoublement, régression, exclusion, licenciement) ;
- le plaisir (diplôme, titre, promotion, augmentation).

Imaginez par avance les résultats et succès espérés.

Fixez-vous des objectifs à court terme. L'enjeu est d'autant plus motivant que son terme est proche.

Soyez curieux. Parcourez la préface et la table des matières avant de lire un livre. Situez l'auteur et le sujet dans leur contexte. Posez-vous des questions : que savez-vous sur ce sujet ? Qu'aimeriez-vous savoir sur ce sujet ?

2. Les aptitudes psychiques

Évaluez et améliorez vos aptitudes d'organisation

Exercice d'auto-évaluation

Exercice n° 12 : organisation

	Jamais	Parfois	Souvent	Toujours
Je travaille jusqu'à ce que la fatigue m'impose de m'arrêter	3	2	1	0
Il m'arrive de travailler le même sujet pendant toute une journée	3	2	1	0
Avant d'entamer une séance de travail, je vérifie que j'ai tous les documents et instruments nécessaires sous la main	0	1	2	3
J'élabore un programme de recherche, hebdomadaire ou journalier, que je respecte sauf en cas d'imprévu	0	1	2	3
Pour travailler, je m'installe face à la fenêtre	3	2	1	0
Je préfère travailler quand je me sens disponible plutôt que de m'imposer des contraintes d'organisation	3	2	1	0
Je trouve qu'il est illusoire de prévoir un planning de travail car un imprévu vient fatalement tout réduire à néant	3	2	1	0
Si je ne comprends pas bien un passage difficile, je saute ce passage et reprends ma recherche un peu plus loin	3	2	1	0
Je retiens par cœur les numéros de téléphone de toutes mes connaissances	0	1	2	3
Je ne cherche pas immédiatement dans le dictionnaire le sens d'un mot mal maîtrisé car cela déconcentre	3	2	1	0

Tester et développer **sa mémoire**

Faites le total de tous vos points pour obtenir une note sur 30 puis consultez vos résultats en fin d'ouvrage.

Votre total : ... / 30

Conseils pour améliorer votre organisation

☞ Évitez les pertes de temps dues aux mauvais rangements

Entourez-vous de tout ce dont vous pouvez avoir besoin au cours de la séance de travail : dictionnaires, ouvrages de base, fiches.

Les rangements doivent permettre la meilleure accessibilité aux informations. Ils doivent obéir à des règles rationnelles afin d'éviter les gestes inutiles, les hésitations, les énervements, les recherches désespérées. Un bon rangement est celui qui permet à la mémoire motrice d'effectuer l'acte par automatisme et sans fatigue. Évitez les pertes de temps dues aux mauvais rangements.

☞ Utilisez les aide-mémoire

Les agendas (sur papier, organiseur, téléphone mobile, ordinateur portable...) libèrent l'esprit et permettent de consigner tout ce qui risque d'être oublié. Les pense-bêtes (nœud au mouchoir...) sont également utiles.

Ne cherchez pas à retenir des détails inutiles. Utilisez les aide-mémoire pour les numéros de téléphone, de code, les adresses, les listes de petits achats à effectuer, les heures, dates et lieux de rendez-vous, de cours ou stages, les références d'un ouvrage, etc.

☞ Choisissez le bon moment

Le matin, après le lever, est le moment le plus propice pour étudier ou effectuer tout autre travail intellectuel de recherche. L'énergie de l'esprit y

2. Les aptitudes psychiques

est plus grande, sauf évidemment en cas de coucher tardif, d'insomnie ou de maladie. Travaillez le matin de préférence.

Le soir se prête bien à la découverte sommaire d'un sujet, à la relecture ou aux révisions, car l'esprit poursuit son travail pendant le sommeil. Revoyez ce que vous avez appris plutôt le soir.

☞ **Ayez un rythme régulier**

La régularité du rythme de travail est tout aussi importante que le choix du moment.

Un emploi du temps équilibré et détaillé préserve du stress occasionné par l'angoisse du manque de temps.

Chapitre 3
Les aptitudes intellectuelles

Les aptitudes intellectuelles particulièrement utiles pour la mémoire sont :
- la classification ;
- l'imagination.

Évaluez et améliorez vos aptitudes de classification

La classification, c'est la faculté de distribuer, de ranger par classes, par catégories, selon un ordre et des méthodes personnelles.

Nous avons besoin de détailler, d'analyser et de mémoriser dans un certain ordre chaque chose nouvelle qui nous est proposée.

Ainsi, si nous voulons étudier par exemple une voiture, nous le ferons avec notre propre classement, selon nos propres critères préférentiels :
- ou d'abord la vitesse, puis le volume, puis la forme, puis le bruit, puis la couleur, etc. ;
- ou d'abord la couleur, puis la forme, puis la vitesse, etc.

Nous étudions ou mémorisons également cet objet en le classant par rapport à un autre, en le comparant à un objet semblable (une autre voiture) ou proche (une moto) que nous connaissons déjà.

Tester et développer sa mémoire

Bref, avant de retenir un fait nouveau, nous essayons de le comprendre à l'aide de clefs personnelles, de points de repères.

En organisant des classements, nous gagnons du temps.

Exercices d'auto-évaluation

Exercice n° 13 : puzzle de nombres

Observez pendant 30 secondes ce puzzle de chiffres, puis en 2 minutes 30, reliez, par des traits, les nombres de 1 à 60 placés en désordre de sorte qu'on puisse avoir tous les nombres consécutifs reliés entre eux. Chronométrez-vous.

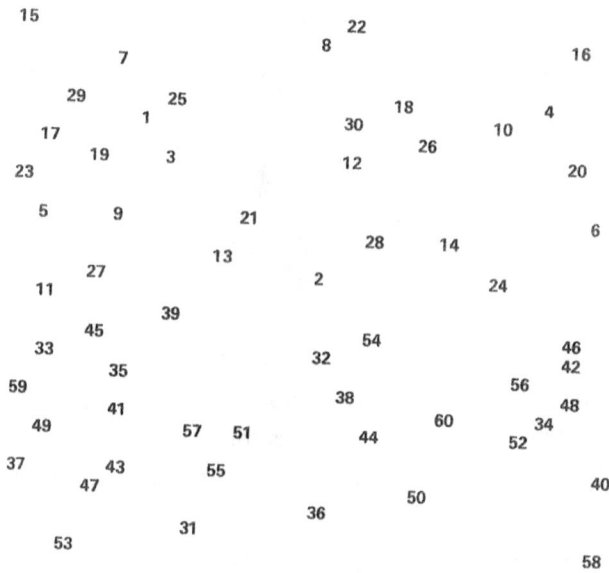

Total de votre temps : ...

Regardez votre évaluation en fin d'ouvrage.

3. Les aptitudes intellectuelles

Exercice n° 14 : classement de chiffres et de lettres

Essayez de trouver une classification qui vous convienne pour les lettres déjà vues (cf. exercices n° 7 et n° 8) :

W – M – B – D – R – O – F – T – A – I – F

T – A – I – F – I – D – U – A – W – M – B – L – E – P - O – D – R – O - F

Puis essayez de vous remémorer ces deux listes dans l'ordre qui vous convient, en fonction de votre propre classement.

Regardez ensuite nos propositions en fin d'ouvrage.

Si vous n'avez pas réussi l'exercice précédent, essayez celui-ci

Exercice n° 15 : séries

Trouvez les quatre séries incluses dans la liste ci-dessous. Chronométrez-vous.

2	L	A	32	8	N	I
15	16	K	O	3		4
	M	U			12	
J	6		9			E

Vos quatre séries : ....

Regardez les solutions et évaluations en fin d'ouvrage.

Vous pouvez également reprendre l'exercice des 20 dessins de la planche d'objets (cf. exercice n° 2) en classant ceux-ci en 5 catégories de 5 objets (matériel de sport, de bureau, de toilettes, outils, mobilier) et vous serez surpris de constater que l'exercice devient alors très facile.

Tester et développer sa mémoire

Exercice n° 16 : compréhension d'une phrase

Trouvez la signification de la phrase « On ne peut pas ne pas être sans ignorer. »

Entourez la bonne réponse :

- on sait,
- on ne sait pas,
- on doute.

Vérifiez votre réponse en fin d'ouvrage.

Conseils pour améliorer votre classification

☞ **Effectuez des classements dans la vie courante**

Par exemple, classez par écrit la liste des commissions à acheter par catégories et dans l'ordre des rayons du magasin.

☞ **Effectuez des rangements par catégorie**

Par exemple, dans votre bibliothèque, classez vos livres par collection ou par style ou par époque ou par taille. Dans votre cuisine ou dans votre armoire, classez également de façon logique et fonctionnelle. Dans votre bureau, classez vos documents en utilisant des chemises et des sous-chemises par catégories et sous-catégories. Etc.

Évaluez et améliorez vos aptitudes d'imagination

✋ L'imagination, c'est la faculté de se représenter quelque chose dans l'esprit : des idées par des mots, des mots par des objets, des objets par des images, des images par des sons, etc.

3. Les aptitudes intellectuelles

Comme les procédés mnémotechniques le prouvent (*cf.* chapitre 5), il ne faut pas hésiter à inventer, à créer pour se fixer des idées, même si le résultat peut sembler absurde, ridicule.

Pour évaluer vos aptitudes en imagination, voici trois exercices.

Exercices d'auto-évaluation

Exercice n° 17 : les 9 points

Reliez les 9 points du dessin en 4 droites successives et liées.

•   •   •

•   •   •

•   •   •

Vérifiez votre réponse en fin d'ouvrage.

Exercice n° 18 : les arbres

Répondez à cette question : Comment faire pour planter 5 rangées de 4 arbres avec seulement 10 arbres ?

Votre réponse : ...

Consultez la solution en fin d'ouvrage.

Tester et développer sa mémoire

Exercice n° 19 : le bracelet

Répondez à cette question : combien de maillons au minimum doit-on ouvrir puis refermer pour réparer un bracelet cassé en 5 morceaux de 3 maillons ?

Votre réponse : ...

Consultez la solution en fin d'ouvrage.

Conseils pour améliorer votre imagination

☞ **Développez votre imagination dans une discipline artistique**

Qu'il s'agisse de dessin, musique, théâtre, poésie, patinage artistique, décoration, etc., donnez libre cours à votre imagination. Osez. Improvisez. Par exemple, dessinez des caricatures (en amplifiant le détail d'un visage, par exemple), inventez une histoire pour des enfants, trouvez de nouvelles interprétations.

☞ **Développez votre imagination dans un autre domaine**

Qu'il s'agisse de technologie, de bricolage, d'humour, etc., lâchez-vous. Essayez d'inventer. Par exemple, créez des jeux de mots (de bon goût, de préférence) qui renforcent l'aptitude aux associations d'idées, choisissez au hasard un objet et trouvez-lui une nouvelle fonction...

Deuxième partie

Utiliser des méthodes efficaces et adaptées

À l'exception sans doute des documents synoptiques, la plupart des méthodes proposées ici constitueront probablement pour vous une découverte. Elles ne sont pourtant pas nouvelles et ont déjà montré leur efficacité.

En effet, ce sont certaines de ces méthodes qui ont permis par exemple à Rüdiger Gamm, jeune prodige allemand, d'élever à la puissance 15 en quelques secondes tous les nombres à deux chiffres. Ainsi, le résultat de 57 à la puissance 13 (67 046 038 752 496 061 076 057) sera trouvé sans erreur en quelques secondes. En aussi peu de temps, il divisera entre eux 2 nombres premiers comme 31/61 pour annoncer le résultat exact avec une précision de 60 chiffres après la virgule.

Tester et développer sa mémoire

Nos possibilités de mémorisation sont énormes à condition de savoir utiliser les bonnes techniques. Celles-ci doivent être sélectionnées en fonction des besoins spécifiques :

- les méthodes logiques sont particulièrement efficaces pour la mémoire des groupes d'éléments : comptes rendus, cours, exposés, livres...

- la mnémotechnie est particulièrement recommandée lorsque les méthodes logiques ne sont pas suffisantes ou adaptées, notamment pour la mémoire d'éléments particuliers : nombres, dates, codes, formes, noms, mots, listes, énumérations...

Chapitre 4
Les méthodes logiques

Les méthodes logiques sont particulièrement utiles lorsqu'il s'agit de retenir des ensembles, des groupes d'éléments, pour la mémoire des exposés, livres, rapports, cours...

Trois méthodes complémentaires sont proposées :
- les documents synoptiques ;
- les rapports de coordination mentale ;
- les comparaisons numériques.

Les documents synoptiques

> Synoptique signifie « qui permet de voir un ensemble d'un seul coup d'œil, qui donne une vue générale. » *(Le Petit Robert)*

Les documents synoptiques permettent d'avoir une vision globale du sujet.

Vous pouvez à l'aide de tels documents :
- détailler jusqu'au niveau que vous souhaitez (plus ou moins approfondi) ;
- supprimer au passage quelques points jugés inintéressants par rapport à vos objectifs ;
- modifier l'ordre des idées.

Tester et développer **sa mémoire**

Pour une bonne réalisation, il est conseillé de :

- n'utiliser qu'une seule page par document ;
- traduire et synthétiser les idées par quelques mots ;
- compléter avec des annotations personnelles ;
- travailler dans un premier temps au crayon noir, avec une gomme à disposition.

Le tableau

Le tableau va habituellement du général au particulier.

Dans les cas les plus simples, l'information est déjà hiérarchisée. Le tableau est facile à réaliser.

Il faut consulter :

- ou la table des matières ;
- ou le plan détaillé (ouvrages didactiques, conférences bien structurées…).

Dans d'autres cas, l'information est amalgamée (narration, compilation d'informations émanant de sources diverses…).

Il faut :

- extraire les points clés ;
- les conceptualiser ;
- les hiérarchiser.

Regardez le tableau page ci-contre pour trouver un exemple qui s'applique à ce livre.

4. Les méthodes logiques

Aptitudes	Physiques	Visuelles		
		Auditives		
		Condition physique		
	Psychiques	Concentration		
		Organisation		
	Intellectuelles	Classification		
		Imagination		
Méthodes	Logiques	Documents synoptiques	Tableau	
			Fiche	
			Schéma	
		Rapports de coordination mentale		
		Comparaisons numériques	Analogies numériques	
			Unités de mesure	
			Créations d'exemple	
	Mnémotechniques	Articulations chiffrées pour nombres, dates...		
		Images pour formes, noms...	Analogies	
			Symboles	
			Clichés	
			Homophones	
			Jeux de mots	
			Scenarii	
		Concaténations pour listes, énumérations...		

Tester et développer sa mémoire

Dans la dernière colonne, vous pouvez mentionner, selon les sujets, les éléments à connaître par cœur, les détails difficiles à mémoriser, des exemples librement choisis, des citations, des dates, des nombres, etc. Vous pouvez y souligner ou entourer ou colorier des mots, y ajouter des signes.

La fiche

Vous pouvez également utiliser la méthode précédente pour l'élaboration de vos fiches qui portent sur des parties d'un ensemble.

Dans ce cas, il faut :

- sélectionner l'information en fiches distinctes (cf. exemple ci-contre) ;
- regrouper sur une même fiche les informations d'un même ensemble en tenant compte de l'espace disponible (fiches 2, 3, 4 en une seule fiche 4 dans l'exemple) ;
- si une fiche est trop chargée (manque d'espace), établir plusieurs fiches pour chaque sous-ensemble (fiche 14 devient fiches 14, 15, 16 dans l'exemple) ;
- trier ensuite les fiches dans l'ordre qui vous convient (dans l'exemple, la fiche 10 est placée après la fiche 6 et les fiches 5 et 9 sont permutées).

4. Les méthodes logiques

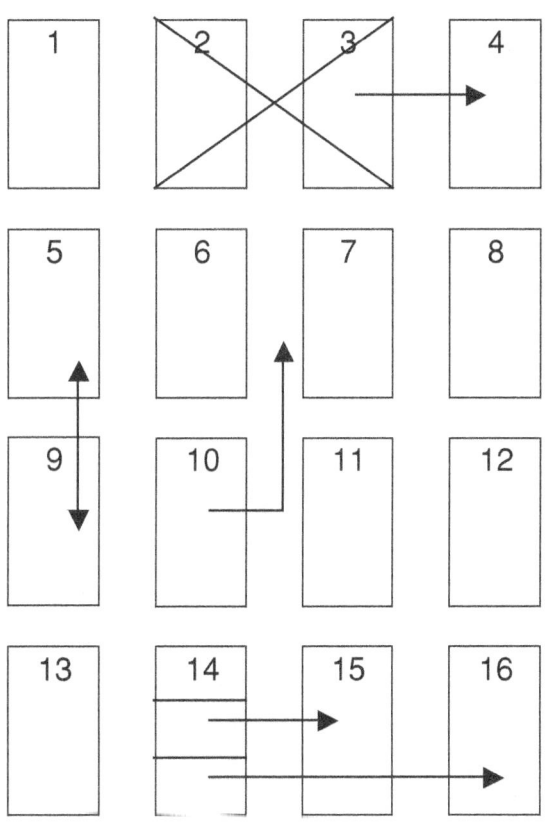

Tester et développer sa mémoire

Le schéma

Sur un schéma, il faut :
- aller du général au particulier ;
- partir habituellement du centre de la feuille, le général étant au centre ;
- transposer le plan niveau par niveau selon des cercles concentriques ;
- adopter de préférence le même sens de rotation.

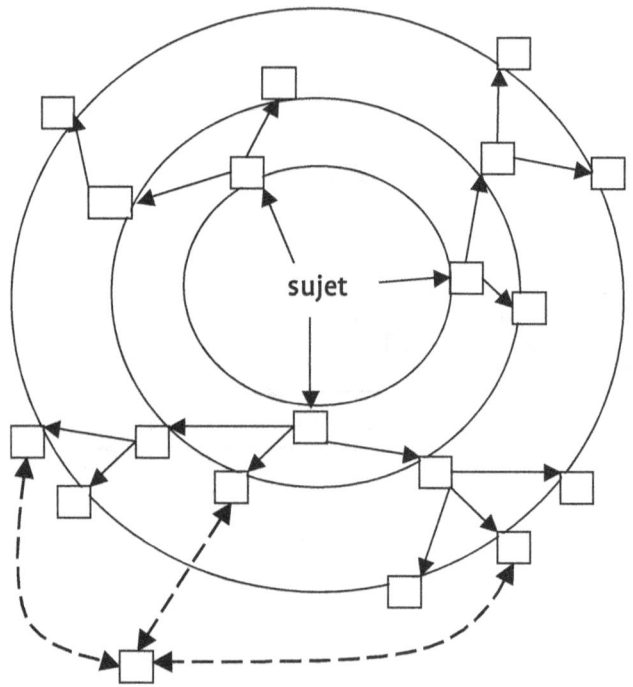

Il est possible d'indiquer (en pointillé sur le schéma) les interférences dynamiques pouvant connecter l'ensemble.

☞ **Le schéma n'est plus statique. Il permet d'apprécier les possibilités d'action de certains éléments sur d'autres.**

4. Les méthodes logiques

Les rapports de coordination mentale

Il s'agit de fixer une idée nouvelle à une autre déjà connue. On la retiendra d'autant plus facilement. Car l'union fait la force.

Pour cela, il faut la rattacher par des liens solidement effectués.

Ces liens constituent les rapports de coordination mentale qui sont suffisamment nombreux pour être utilisés en toutes situations.

Ils permettront de retenir une liste de mots, d'idées (synthétisées par des mots), le contenu des tableaux synoptiques, etc.

Liste des rapports de coordination mentale

Nom	Informations complémentaires	Exemples
Contraste	Toutes sortes de contrastes, y compris les contraires	Nord et sud, naissance et mort, ouvert et fermé, guerre et paix, jour et nuit, huile et vinaigre
Synonymie	Sens identique ou très voisin	Voir et regarder, glace et miroir, beau et joli, amabilité et gentillesse, calme et tranquille, vif et rapide
Complémentarité	Tout complément indispensable, l'un ne pouvant pas exister sans l'autre	Ruche et abeille, chaussure et pied, serrure et clé, voilier et vent, peigne et cheveu, moto et motard

65

Tester et développer sa mémoire

Nom	Informations complémentaires	Exemples
Même ensemble	Éléments d'un même ensemble	Carré et rectangle, fourchette et cuiller, jupe et pantalon, oreille et menton
Général à particulier	Ou particulier à général	Figures géométriques et rectangles, couverts et fourchettes, vêtement et jupe
Tout à partie	Ou partie à tout	Voiture et roue, visage et menton, œil et pupille, montagne et cime, livre et page
Cause à fonction	Ou fonction à cause	Médecin et soigner, peigne et coiffer, dictionnaire et définition, ampoule et éclairage
Cause à but	Ou but à cause	Jouer et gagner, médecin et gagner sa vie, élève et réussir un examen
Cause à effet	Ou effet à cause	Jouer et perdre, hygiène et santé, chute et fracture, soleil et insolation, avion et bruit
Contiguïté successive	États de conscience qui ont existé l'un après l'autre dans l'esprit (ou l'un avant l'autre)	Fromage et dessert, repas et sieste, hiver et printemps, mercredi et jeudi, sept et huit
Contiguïté simultanée	États de conscience qui ont existé en même temps dans l'esprit (ce qui peut être très personnel)	Tel restaurant et tel convive, ski et telle station, amour et untel

4. Les méthodes logiques

Nom	Informations complémentaires		Exemples
Ressemblance	De son	Par un bruit émis	Roulement de tambour et grondement de tonnerre, mur du son et coup de canon, hurlement du loup et sifflement du vent
		Par des homonymes	Père et paire (ou pair), mère et mer (ou maire), sel et selle
		Par des syllabes communes	Marabout, bout de ficelle, selle de cheval
	De vue ou de forme		Italie et botte, quart de lune et croissant, tire-bouchon et queue de cochon, œuf et ballon de rugby, flocon de neige et coton, ouate et barbe à papa, parapluie et champignon
	De goût		Saccharine et sucre, citron et vinaigre, beurre et margarine, aspirine effervescente et boisson gazeuse, topinambour et cœur d'artichaut
	D'odeur		Cave et oubliette, pulpe de betterave et œuf pourri, tabac Amsterdamer et pain d'épice, cabinet de dentiste et cabinet de médecin

Tester et développer sa mémoire

Nom	Informations complémentaires	Exemples
Ressemblance	De toucher	Farine et talc, crépi fin et papier de verre, langue et râpe, hérisson et cactus, ampoule et chauve, chewing-gum et caoutchouc, soie et satin, velours et mousse
	De mouvement	Perceuse et mitraillette, ascenseur et grue, pianiste et dactylo, essuie-glace et métronome, chef d'orchestre et chasse-mouches, mouette et planeur

Conseils pour une bonne utilisation

À partir d'un mot, tous les rapports de coordination mentale sont habituellement possibles, ce qui est bien utile pour lier des idées entre elles puisque ces idées sont synthétisées par des mots.

D'autre part, à partir du même mot, le même rapport peut lier des mots différents.

En plus d'un intérêt incontestable pour la mémoire, ces rapports sont également utiles pour la recherche des idées. S'il vous arrive d'être parfois à court d'idées, vous pourrez trouver de nouvelles idées à partir d'un mot en utilisant successivement les différents rapports. Si vous devez faire un exposé ou un rapport sur un sujet que vous ignorez, utilisez cette méthode et beaucoup d'idées vous viendront à l'esprit.

4. Les méthodes logiques

Par exemple, avec le mot télévision :

- Contraste : TV et cinéma ou internet
- Synonyme : TV et petit écran ou téléviseur
- Complémentarité : TV et téléspectateur ou télécommande
- Même ensemble : TV et radio ou micro-ordinateur
- Général à particulier : TV et TV à écran plasma ou à écran plat
- Particulier à général : TV et moyens audiovisuels ou loisirs
- Tout à partie : TV et prise péritel ou diverses options
- Partie à tout : TV et home cinéma ou mobilier
- Cause à fonction : TV et transmission d'une image satisfaisante ou d'un son satisfaisant
- Cause à but : TV et distraction ou information
- Cause à effet : TV et vulgarisation ou moins de solitude pour les personnes âgées
- Contiguïté successive : TV et soirée ou coucher
- Contiguïté simultanée : TV et repas ou telle émission préférée
- Ressemblance (de vue) : TV et ordinateur ou grosse caisse

Bien entendu, deux mots peuvent être liés par plusieurs rapports. Par exemple, hommes et femmes : contraste, complémentarité, même ensemble.

D'autre part, certains mots peuvent n'avoir aucun rapport apparent. Dans ce cas, il faut trouver un ou deux mots intermédiaires pour faire le lien au deuxième ou au troisième degré par des rapports appropriés de coordination mentale.

Tester et développer sa mémoire

Exercice n° 20 : première liste

Voici une liste de mots, avec une proposition de rapports de coordination mentale. Essayez de vous concentrer sur une paire de mots en les associant grâce au rapport proposé ou un autre rapport qui aurait votre préférence. Une fois le rapport bien fixé dans votre esprit, passez aux mots suivants, et ainsi de suite.

Calculez le temps que vous mettez pour retenir la liste complète.

- Elle et aile ⇨ ressemblance de son
- Aile et avion ⇨ partie à tout
- Avion et pilote ⇨ complémentarité
- Pilote et hôtesse ⇨ même ensemble
- Hôtesse et recevoir ⇨ cause à fonction
- Recevoir et donner ⇨ contraste
- Donner et agréable ⇨ cause à effet
- Agréable et vacances ⇨ effet à cause
- Vacances et lac ⇨ contiguïté simultanée
- Lac et étang ⇨ même ensemble
- Étang et eau ⇨ tout à partie
- Eau et vin ⇨ contraste
- Vin et saoul ⇨ cause à effet
- Saoul et ivre ⇨ synonymie
- Ivre et livre ⇨ ressemblance de son
- Livre et écrivain ⇨ complémentarité
- Écrivain et romancier ⇨ général à cas particulier
- Romancier et Balzac ⇨ général à cas particulier
- Balzac et bal ⇨ ressemblance de son

4. Les méthodes logiques

Procédez à une révision sans regarder la liste. Lorsque vous butez sur un mot, cela signifie que le maillon a été mal relié.

Votre temps pour mémoriser la liste complète : ....

Quand vous aurez réussi à mémoriser la liste complète, passez à l'exercice suivant.

Exercice n° 21 : deuxième liste

Trouvez les rapports de coordination mentale liant les 20 mots suivants et essayez de retenir cette liste. Dans certains cas, les mots peuvent sembler n'avoir aucun rapport. Trouvez alors les mots qui pourraient les lier et fixez bien tous les rapports trouvés.

bal - costume - veste - cuir - vache - taureau - corrida - Espagne - Pyrénées - Alpes - neige - glace - cocktail - Manhattan - USA - Disneyworld - jeux - échec - mat - brillant

Après quelques minutes, redites cette liste de mémoire. Consultez les appréciations concernant vos résultats en fin d'ouvrage.

Applications à la mémoire des idées

Si vous avez travaillé méthodiquement, vous devez être capable de restituer les deux listes précédentes, soit quarante mots !

Vous pouvez constater, en outre, qu'en suivant la même procédure, vous êtes capable de restituer la liste à l'envers en commençant par le dernier mot ! Vérifiez-le et vous serez étonné par vos propres résultats.

Vous pouvez également commencer par n'importe quel mot pris au hasard et restituer la liste en descendant ou en remontant.

Certains mots ont été associés grâce à des rapports indirects « tirés par les cheveux », mais aucun maillon n'a été négligé.

Tester et développer sa mémoire

Dans les exercices précédents, la plupart des mots étaient liés par des rapports au premier degré et certains mots par des rapports indirects au deuxième degré.

☞ **Il est possible de lier n'importe quel mot du vocabulaire à n'importe quel autre avec des mots intermédiaires.**

> **Par exemple :**
>
> Au troisième degré, entre les mots « jumeaux » et « Huns » :
>
> Jumeaux ⇨ deux ⇨ un ⇨ Huns
>
> Entre les mots « examen » et « Opéra » :
>
> Examen ⇨ note ⇨ musique ⇨ Opéra

Entraînez-vous en prenant des mots au hasard dans le dictionnaire. Vous devez utiliser au maximum des rapports au quatrième degré.

Vous pouvez ainsi retenir une liste de plusieurs centaines de mots quelconques sans problème. C'est surprenant, spectaculaire, mais ce n'est pas le plus utile pour votre vie quotidienne, sociale, professionnelle ou scolaire.

Par contre, il est primordial de pouvoir mémoriser un plan, un texte, un rapport, une note de service, des exposés, des cours. Pour cela, la méthode des rapports de coordination mentale est encore plus efficace que pour retenir les listes de mots.

Car on peut utiliser non seulement des rapports de coordination mentale verticaux (entre une partie et ses deux ou trois sous-parties) mais aussi horizontaux (entre les deux ou trois sous-parties).

4. Les méthodes logiques

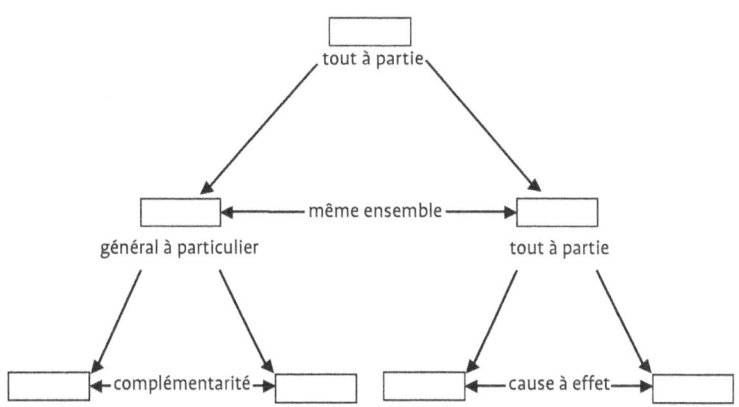

Les comparaisons numériques

Les analogies numériques

Comme dans les rapports de coordination mentale, les analogies numériques sont fondées sur des liens.

Supposons que vous abordiez un domaine entièrement nouveau, comme la géographie par exemple. Vous n'y avez aucune référence. Qu'à cela ne tienne, les premières comparaisons seront établies à l'aide de références de fortune puisées dans un tout autre contexte. Ces premiers repères, bien qu'étrangers au domaine considéré, vous permettront d'effectuer une première approche efficace.

☞ **Commencez par chercher des éléments fortuits de comparaison.**

Tester et développer **sa mémoire**

> **Par exemple :**
>
> La géographie, c'est comme les doigts de la main : 5 continents comme... 5 doigts !
>
> Vous pouvez rajouter : 5 doigts... 5 continents... 5 océans... 5 détroits.
>
> Entrez maintenant dans les particularités françaises : 5 massifs... 5 fleuves.
>
> Voici le résultat :
>
> - **Cinq continents :** Europe, Afrique, Asie, Amérique, Océanie.
>
> - **Cinq océans :** Atlantique, Pacifique, Indien, Glacial Arctique, Glacial Antarctique.
>
> - **Cinq détroits (ou plus exactement, cinq passages principaux entre deux océans) :** Bering entre Arctique et Pacifique, Davis entre Arctique et Atlantique, Drake (et Magellan) entre Pacifique et Atlantique, Macassar entre Atlantique et Indien, et... le large du cap de Bonne Espérance qui, sans être un étroit, permet d'arriver à cinq.
>
> - **Cinq massifs français :** Alpes, Pyrénées, Vosges, Jura, Massif central.
>
> - **Cinq fleuves français :** Loire, Seine, Garonne, Rhin, Rhône.
>
> À la réflexion, vous pouvez ajouter des massifs plus discrets : Armorique, Ardennes, Maures, Estérel et... Cévennes pour parvenir à cinq.

Il y a donc ce qui va par 5, par 3, par 7, par 12, à condition d'en décider ainsi.

Pour vous entraîner à ce type de comparaison, voici deux exercices.

4. Les méthodes logiques

Exercice n° 22 : les 3

Essayez de trouver en moins d'une minute cinq exemples de ce qui va avec le chiffre 3, tous domaines confondus.

Vos cinq exemples : ....

Cinq réponses sont proposées en fin d'ouvrage.

Exercice n° 23 : les 7

Essayez de trouver en moins d'une minute sept exemples de ce qui va avec le chiffre 7, tous domaines confondus.

Vos sept exemples : ....

Sept réponses sont proposées en fin d'ouvrage.

Les unités de mesure

Le procédé consiste à établir des comparaisons, des ordres d'idée, des étalonnages. Les informations à mémoriser sont réunies en catégories artificielles de rapports similaires.

Appuyez-vous sur vos premières connaissances dans le domaine pour en rassembler d'autres. Partez des éléments que vous connaissez déjà.

Ainsi, mesurez les cours d'eau non plus en milliers de kilomètres mais en « Loire », parce que l'unité utilisée correspond à quelque chose de concret et que le nombre exprimé reste à votre échelle.

Les grands territoires se mesurent mieux en « France » qu'en milliers ou millions de kilomètres carrés. Il en est de même en ce qui concerne les océans.

Comme vous pouvez le constater, cette méthode facilite la mémorisation.

Tester et développer sa mémoire

Par exemple :

- L'Amazone (7 025 km) vaut 7 « Loire » (1 012 km).
- Le Canada (9 960 000 km²) peut contenir 18 « France » (551 500 km²).
- La population de la Chine (1,2 milliards d'habitants) est égale à 20 fois la population française (60 millions d'habitants).

☞ **Cette méthode peut être appliquée dans de nombreux domaines.**

Il est également possible de conforter cette méthode par la visualisation concrète.

Par exemple :

Prenons comme unité de mesure la Terre pour étudier les dimensions des planètes du système solaire. Les diamètres à l'équateur sont les suivants :

- Mercure   4 880 km
- Vénus   12 104 km
- Terre   12 756 km
- Mars   6 787 km
- Jupiter   142 800 km
- Saturne   120 000 km
- Uranus   50 800 km
- Neptune   49 500 km
- Pluton   4 000 km

Cette suite de nombre n'évoque probablement pas grand chose pour vous, si ce n'est quelques similitudes (Terre et Venus, Mercure et Pluton...) d'où vous tirerez des rapports :

Terre = Vénus = 2 Mars = 3 Mercure, etc.
ou Jupiter = 11 Terre, Uranus = 4 Terre, etc.

4. Les méthodes logiques

Cela donnerait en visualisation concrète :

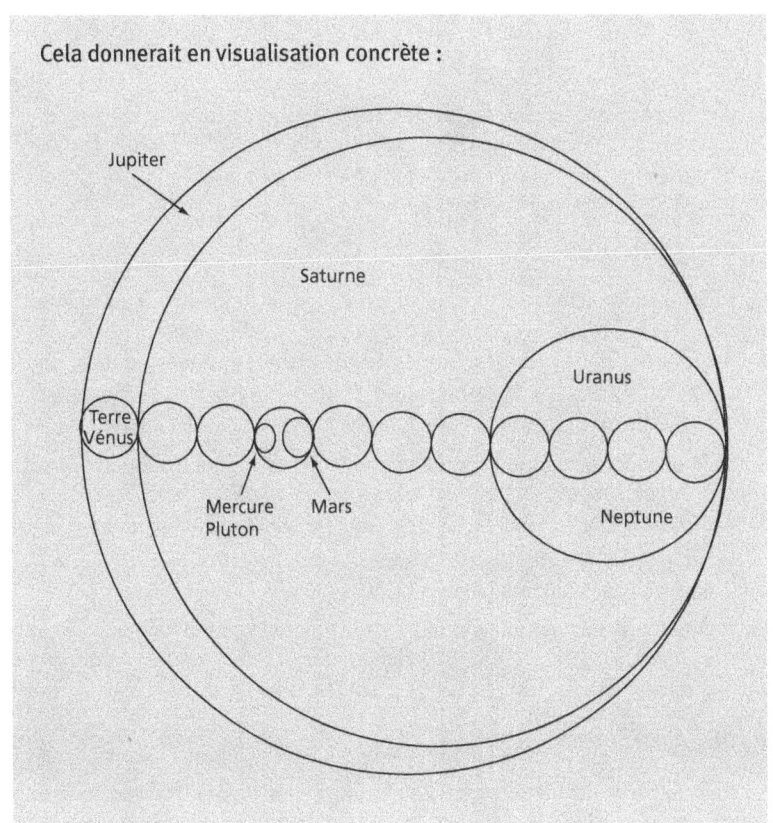

Les créations d'exemples

À partir d'un certain niveau, un nombre n'évoque plus grand-chose car il appartient à un autre cadre de référence. Ainsi, dix mille milliards peuvent devenir, après un mois, mille milliards ou cent mille milliards.

☞ **Les créations d'exemples permettent de traduire ces éléments à une échelle à dimension plus personnelle.**

Tester et développer sa mémoire

Par exemple :

Les rapports entre les planètes du système solaire peuvent faire penser aux rapports qui existent entre un petit pois (Mercure, Pluton, Mars), une noisette (Terre, Vénus), une clémentine (Uranus, Neptune) et un pamplemousse (Jupiter, Saturne).

Autre exemple :

Également dans le domaine de l'astronomie qui fait référence à des nombres « astronomiques » : si vous avez du mal à retenir la distance de la Terre à la Lune (384 402 km), si vous n'êtes jamais monté dans un engin interplanétaire et si vous vous déplacez la plupart du temps en automobile ou à moto, vous avez la solution :

- Supposons que vous puissiez vous rendre sur la Lune par l'autoroute, à 130 km/heure pour respecter les vitesses, combien vous faudrait-il de temps pour y arriver ?
- Vous en déduisez qu'il vous faudrait 2 957 heures, soit 123 jours ou environ 4 mois en roulant sans arrêt.
- À partir de là, vous pourrez toujours retrouver l'ordre d'idée : 130 km × 24 h × 31 j × 4 mois = 387 880 km. Il s'agit bien d'un ordre de grandeur.

Autre exemple :

Pour différencier les comparaisons numériques par les unités de mesure et par les créations d'exemple, utilisons un saut de puce : une puce saute, paraît-il, jusqu'à 18 cm quand elle est en forme. La puce étant un animal mesurant généralement 1 mm, cela donne un rapport de 180 fois sa hauteur.

- En unité de mesure : s'il faut dessiner ce rapport sur une même feuille, ce n'est pas évident.
- En création d'exemple : ramené à l'échelle d'un humain de 1,80 m, le saut de la puce équivaudrait à un saut de 324 mètres, ce qui lui permettrait de sauter au-dessus de la tour Eiffel.

Chapitre 5
La mnémotechnie

👋 La mnémotechnie est « l'art d'aider la mémoire ». Mnémotechnique signifie « capable d'aider la mémoire par des procédés d'association mentale qui facilitent l'acquisition et la restitution des souvenirs ». *(Le Petit Robert)*

La mnémotechnie est complémentaire des méthodes logiques. Elle ne peut en aucun cas les remplacer, mais elle est très utile lorsque les méthodes précédentes ne suffisent pas.

Les procédés mnémotechniques présentés, quelquefois utilisés dans la réalisation de certains numéros de music-hall, sont d'une efficacité indéniable, d'où la tentation d'en faire un système privilégié.

Il convient néanmoins de se méfier de leur facilité apparente. En fait, ces méthodes, spectaculaires par certains côtés, exigent un gros investissement en temps de préparation, beaucoup d'imagination et, à un certain stade, une rigueur telle que le système devient très lourd.

En outre, elles ne suscitent pas assez la réflexion en phase d'utilisation pour être efficaces dans de nombreux cas. Néanmoins, elles constituent une aide précieuse qui permet de créer des liens artificiels.

☞ **La mémoire logique ne s'accommode que de ce qu'elle maîtrise.**

En grammaire, l'exception aberrante correspond à la logique de ceux qui en ont initialisé l'usage à une certaine époque ; pas à notre logique.

Tester et développer sa mémoire

Si Monsieur Untel s'appelle Untel, il y a là une logique que l'on ignore et qui est due aux origines géographiques, culturelles, religieuses, linguistiques ou à des parents inconnus, à des faits militaires, à des traditions ou à des déformations du nom... de la personne.

La forme et l'emplacement d'une île ont leur logique que l'on méconnaît en partie et qui est due notamment à l'écartement ou au rapprochement des continents, aux tremblements de terre, aux éruptions volcaniques...

Dans tous les cas, nous ne pouvons que constater les faits, sans le secours des méthodes logiques.

La mnémotechnie est très efficace pour la mémoire des nombres, des noms, des listes à apprendre par cœur, et en particulier :

- les articulations chiffrées, pour les nombres ;
- les images, dont les analogies visuelles, les symboles, les clichés pour les cartes géographiques, les formes et les homophonies, les jeux de mots pour les noms propres et communs ;
- les concaténations pour les listes, les énumérations.

Les articulations chiffrées

La mémoire des nombres, des dates, des numéros de téléphone, des codes... s'appuie essentiellement sur la méthode des articulations chiffrées.

Il s'agit d'une méthode élaborée au XIXe siècle. L'initiateur en fut un juriste, Aimé Paris. Le système fut peaufiné, quelques années plus tard, par un ecclésiastique, l'abbé Moigno.

Afin de conserver une certaine unité, la technique est illustrée exclusivement à l'aide d'exemples historiques, matière à laquelle elle s'adapte particulièrement bien. Mais vous pourrez l'utiliser dans bien d'autres applications.

5. La mnémotechnie

Le principe est simple. Un mot se retient mieux qu'un nombre. Il se retient mieux encore s'il est inclus dans une phrase et, *a fortiori*, si cette phrase est fortement évocatrice

Processus

☞ **Chaque chiffre correspond à des consonnes particulières.**
Celles-ci sont classées en fonction de leur sonorité et de leur fréquence d'utilisation dans la langue française :

- 0 se traduit par les spirales dentales s, z, ç, c (citron), t (nation) ;
- 1 se traduit par les occlusives dentales t, d ;
- 2 se traduit par la nasale n et la nasale mouillée gn (rognon) ;
- 3 se traduit par la nasale m ;
- 4 se traduit par la vibrante r ;
- 5 se traduit par la vibrante sonore l, ll (maille) ;
- 6 se traduit par les spirantes palatales j, g (genou), ch (cheval) ;
- 7 se traduit par les occlusives gutturales k, q, gu (guère), g (gomme), c (col), gn (gnome), ch (chrysanthème) ;
- 8 se traduit par les spirantes labiales f, v, w, ph (pharmacie) ;
- 9 se traduit par les occlusives labiales p, b.

Il reste deux cas particuliers, sur lesquels chacun statue à sa convenance, mais la décision doit être définitive avant de se mettre au travail :

- le y peut être considéré comme une voyelle et abandonné ou comme l'équivalent d'une vibrante sonore (le, ille) et donc venir enrichir la gamme du 5 ;
- le x peut se voir attribuer, au choix, la valeur 0 (ik<u>s</u>e) ou 7 (i<u>ks</u>e).

Tester et développer sa mémoire

☞ **Seules comptent les consonnes qui initialisent une syllabe.**

La phonétique constituant le repère principal, il est bon, pour éviter les erreurs et les hésitations, de ne tenir compte systématiquement que de la syllabe qui amorce la modulation du son.

> **Par exemple :**
>
> - Dans le mot d'une seule syllabe « froid », nous ne retiendrons que le f. Le r complétant la sonorité amorcée par le f est négligé ainsi que le d qui clôt la syllabe ;
> - Dans le mot de deux syllabes « phtisie », nous retiendrons les seules sonorités amorcées par le ph et le s (zi) ;
> - De la sorte, le mot « toutou » a valeur 11 mais aussi « tortue » ou « truite ».

☞ **Les nombres sont ainsi traduits en mots.**

Ainsi les mots les plus innocents seront porteurs de message.

> **Par exemple :**
>
> - 7130 peut se traduire par « académicien » ;
> - 89 peut se traduire par « alphabet » ;
> - 0971 peut se traduire par « serbo-croate ».

5. La mnémotechnie

☞ **Les mots sont placés en fin de phrase.**

Il reste à inclure le mot à l'intérieur d'une phrase évoquant clairement la situation.

Par exemple :

Supposons que vous désiriez mémoriser la date de la mort de Charlemagne en 814.
Très vite vous obtenez une quantité considérable de propositions : fédéré, future, froidure, friture, facture, vétéran, verdure... Sitôt qu'une sonorité vous paraît opportune, interrompez l'énumération.
Incluez le mot à la fin de la phrase significative pour vous : « À la fin de sa vie, Charlemagne ayant conquis un empire dut payer la *facture*. »
Mais vous auriez pu choisir : « L'empereur à la barbe fleurie finit dans la *verdure*. » Ce n'est pas très respectueux, mais c'est efficace.

☞ **Les nombres ainsi codés se décryptent par la droite.**

Avant de codifier un nombre, il est indispensable d'en maîtriser l'ordre de grandeur. À partir de là, seulement, le système peut être considéré comme fiable au moment du décodage. Cela donne également plus de souplesse lors de la codification.

Par exemple :

Si vous voulez traduire le nombre 800 (sacre de Charlemagne), vous avez la possibilité d'utiliser tous les mots de trois syllabes s'y prêtant. Vous vous apercevrez vite que vos possibilités, dans ce cas-là, sont très limitées. Élargissez votre éventail de choix en utilisant plusieurs mots courts. C'est possible, à condition de connaître l'ordre de grandeur et de décrypter le nombre à partir de la droite.
Et là où vous buttiez sur « vaseuse » ou « vicieuse » (800) dont vous ne saviez que faire, vous trouvez immédiatement une issue : « Après le sacre, Charlemagne connut les vrais soucis. »

Tester et développer sa mémoire

Applications aux dates simples

Évitez de codifier le siècle ou le millénaire déjà connu.

Par exemple :

- La formule superfétatoire, « Christophe Colomb débarque au Nouveau Monde avec des arrière-pensées de rapines » (1492) peut être remplacée par « Colomb fut accueilli par des indigènes seulement vêtus de pagnes » (92) ;
- « Ravaillac assassine Henri IV de justesse » (1610) peut être remplacé par « Entre catholiques et protestants, la mort d'Henri IV relance la tension. » (10).

Applications aux dates complexes

Si vous voulez codifier une date plus complexe, utilisez une variante.

Codifiez dans ce cas le début et la fin de la phrase. Les deux dernières consonnes de fin de phrase indiqueront l'année. Au début de la phrase, les premières consonnes indiqueront le quantième suivi du chiffre du mois.

Pour le mois, utilisez les numéros de 1 à 9 pour janvier à septembre et le 0 pour octobre. Pour novembre, utilisez le v et pour décembre le d, ce qui modifie l'alphabet de la façon suivante :

- Janvier   1 = t   ⇨ exclusion du d
- Février   2 = n, gn
- Mars   3 = m
- Avril   4 = r
- Mai   5 = l, ill

5. La mnémotechnie

- Juin   6 = j, g (doux)
- Juillet   7 = k
- Août   8 = f   ⇨ exclusion du v
- Septembre   9 = p, b
- Octobre   0 = z, s, ci
- Novembre   = v
- Décembre   = d

Le quantième devra toujours (comme dans l'exemple du 4 août 89 qui suit) faire apparaître un zéro devant les unités.

À partir de là, choisissez un type de présentation immuable parmi les deux types proposés.

Par exemple :

La date exacte de l'abolition des privilèges le 4 août 1789 :
- « Sire, faites abolir les privilèges pour rendre le peuple affable » (Sire = 04 ; faites = 8 ; affable = 89) ;
- En utilisant une apposition « L'abolition des privilèges : ce raffut d'une nuit ineffable » (ce raffut = 048 ; ineffable = 89).

Pour les dates de naissance et de décès, bornez-vous aux années exprimées par deux chiffres et reprenez le principe de l'apposition évoqué ci-dessus :

« Cook navigua vers Hawaï et finit en good beef » (il finit dans la marmite des indigènes.) : « navigua » = 28 ; « good beef » = 79. Ajoutez les chiffres du siècle, ce qui donne « Cook : 1728-1779 ».

Vous pouvez même essayer la technique du portrait express chère à Jules Renard :

« Louis XIV, mauvais de le chatouiller » (« mauvais » = 38 ; chatouiller = 15). Rétablissez les dates, ce qui donne « Louis XIV : 1638-1715 ».

Tester et développer **sa mémoire**

Conseils

Le procédé exige de la rigueur dans l'établissement et le respect des règles de codification et de construction des phrases. La table doit nécessairement être mémorisée. La mémorisation s'obtiendra rapidement avec la pratique. Pour faciliter cette acquisition, l'abbé Moigno avait composé une phrase dans laquelle chaque début de mot (d'une seule syllabe) donne une correspondance chiffrée :

<u>D</u>ieu <u>n</u>e <u>m</u>e <u>r</u>end <u>l</u>a <u>j</u>oie <u>q</u>u'à <u>v</u>os <u>p</u>ieds <u>s</u>aints.
  1   2   3   4   5   6   7   8   9   0

Une autre méthode consiste à effectuer des rapprochements graphiques :

- t, d = 1 = *un* seul jambage à la lettre
- n = 2 = *deux* jambages à la lettre
- m = 3 = *trois* jambages à la lettre
- r = 4 = quat*rrr*e
- l = 5 = L majuscule = *50* en chiffre romain
- j = 6 = j manuscrit = *6* inversé
- k = 7 = k7 (cassette)
- f = 8 = forme graphique du f manuscrit
- p = 9 = P majuscule = *9* inversé
- s = 0 = *zéro*

5. La mnémotechnie

Exercice n° 24 : phrases à déchiffrer

Pour vous familiariser avec la méthode, voici quelques exemples choisis.

Avec la table à portée de main, lisez les phrases et trouvez les chiffres qui correspondent.

1 - « Le sommet de l'Everest est balayé par des vents froids et arasants. » Trouvez la hauteur.
Votre réponse : ....

2 - « Le K2 ne fut jamais vaincu par la voie chinoise. » Trouvez la hauteur.
Votre réponse : ....

3 - « Hillary et Tensing ont été les premiers (au XXe siècle) à vaincre l'Everest en luttant contre la mort. » Trouvez la date de la première ascension.
Votre réponse : ....

4 - « Les méandres de la Seine sont concaves et convexes. » Trouvez la longueur.
Votre réponse : ....

5 - « Squelette est un des mots prenant deux t » Trouvez le nombre des os du corps humain.
Votre réponse : ....

Vérifiez vos résultats en fin d'ouvrage.

Les images

La mémoire des formes, des noms propres, des mots, s'appuie essentiellement sur la méthode des images. Il s'agit de se créer des images originales et marquantes qui restent gravées dans la mémoire, avec :

- ▶ des analogies ;
- ▶ des symboles ;
- ▶ des clichés ;

Tester et développer sa mémoire

- des homophones ;
- des jeux de mots ;
- des scenarii.

Les analogies

L'analogie est une « ressemblance établie par l'imagination (…) entre deux ou plusieurs objets de pensée essentiellement différents ». *(Le Petit Robert)*

C'est une technique de comparaison comme les unités de mesure. Mais, ici, la part de subjectivité est importante. Ce processus doit être utilisé pour compenser une inefficacité des méthodes logiques.

☞ **Appuyez-vous sur l'observation et l'imagination.**

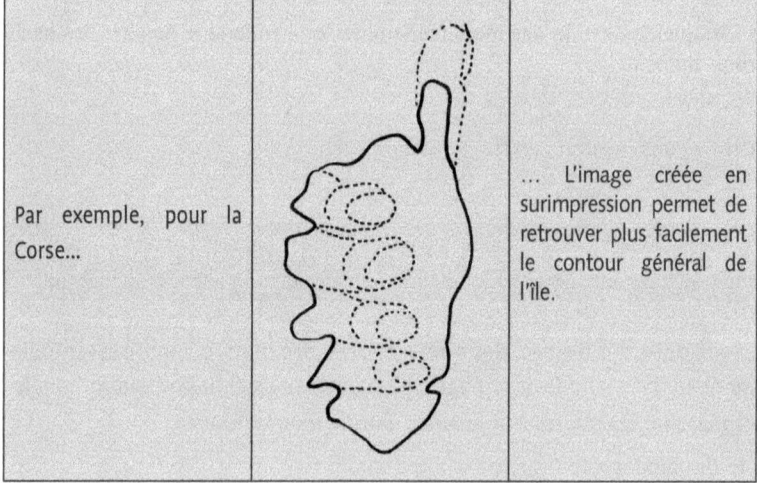

| Par exemple, pour la Corse… | | … L'image créée en surimpression permet de retrouver plus facilement le contour général de l'île. |

5. La mnémotechnie

☞ **Tout ressemble à quelque chose. Il suffit de le vouloir avec acharnement.**

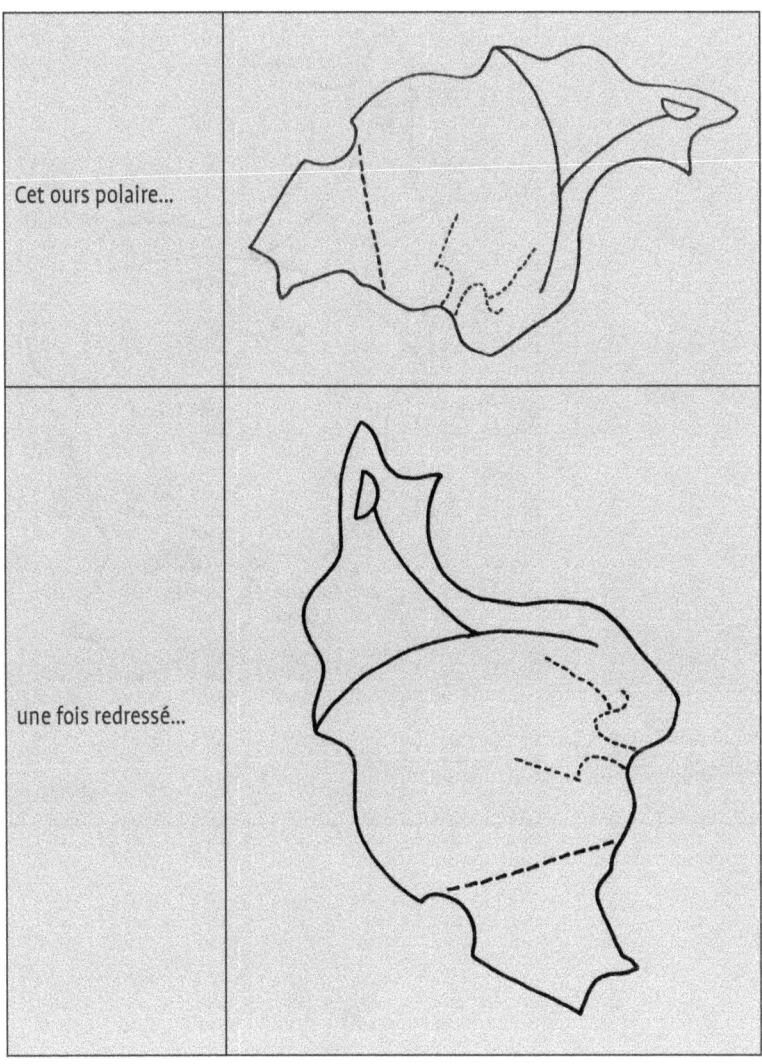

Cet ours polaire...

une fois redressé...

Tester et développer **sa mémoire**

nous permet d'identifier...

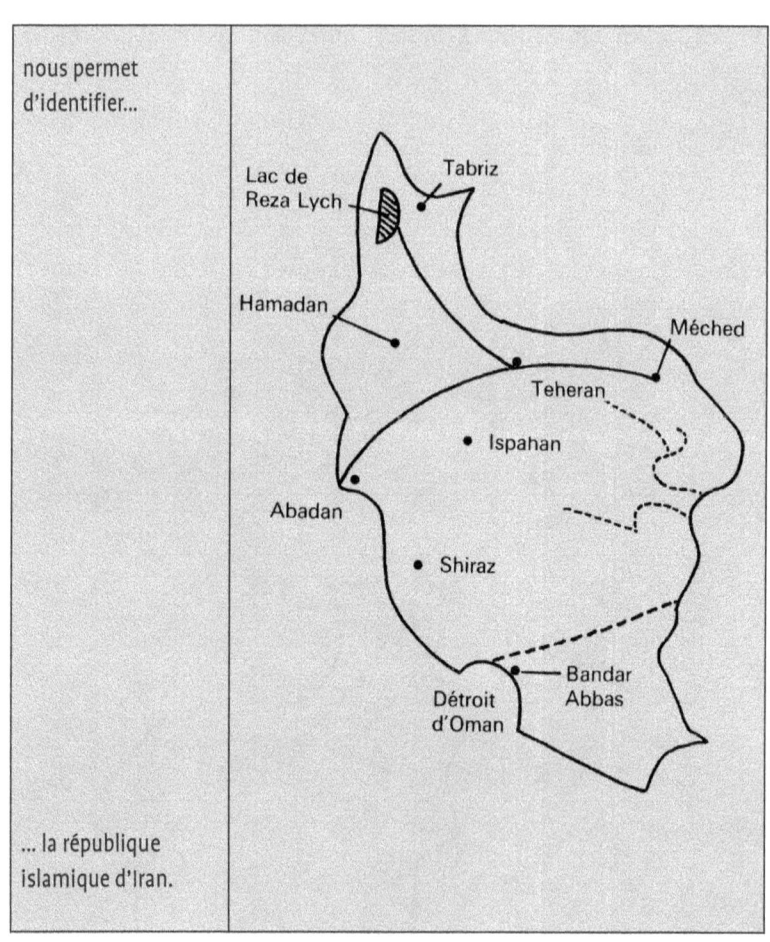

... la république islamique d'Iran.

5. La mnémotechnie

Les symboles

✋ Le symbole est « ce qui représente autre chose en vertu d'une correspondance analogique ». *(Le Petit Robert)*

☞ **Il s'agit ici d'insérer dans son esprit l'équivalent mental d'une photo ou d'un dessin.**

La capacité de visualiser, de se remettre en situation, permet de retrouver des souvenirs, même très lointains, comme Proust l'a illustré avec sa célèbre madeleine dans À la recherche du temps perdu.

Certains symboles appartiennent à un véritable langage universel. Vous pouvez les utiliser ou en créer d'autres.

Il y a les symboles classiques :

- France = un hexagone
- Amour = un cœur transpercé d'une flèche
- Électricité = une flèche brisée orientée vers le bas
- Ville de Paris = une tour Eiffel

Vous pouvez trouver d'autres symboles, par exemple :

- La ville de Tours = une tour
- L'armée = un képi
- L'industrie = une usine
- Le transport aérien = un avion

Supposons que vous souhaitiez symboliser les différentes sources d'énergie : éolienne, hydraulique (cours d'eau), hydraulique (marées), minérale (inerte), minérale (radioactive), biochimique, fossile (végétale), fossile (organique), solaire.

Tester et développer sa mémoire

En réunissant les symboles, cela pourrait donner :

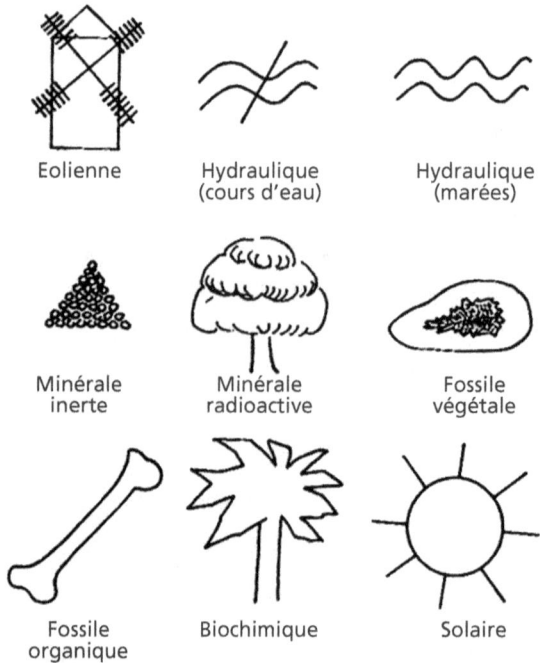

Il n'est pas toujours indispensable de réaliser le dessin. Il suffit parfois de le mettre en scène mentalement.

Les clichés

Comme pour les symboles, la technique repose sur la recherche d'images fortes originales et personnelles. Mais, cette fois-ci, elle s'appuie sur les stéréotypes reflétant un ensemble d'éléments alors que les symboles traduisent un seul élément.

5. La mnémotechnie

Le mot « Antilles » évoque l'inévitable plage de sable fin et blanc, frangée de cocotiers.

L'expression « recherche scientifique » peut évoquer une pièce sombre, avec un savant solitaire à barbiche blanche ou bien, dans une lumière éclatante, un univers chromé, inoxydable et entièrement automatisé, dans lequel des êtres en blouse blanche s'activent.

☞ **Peu importe le décor retenu. Quel que soit le type d'inspiration, l'image est là, prenante, efficace.**

Il est difficile de représenter ici la vision stéréotypée que chacun peut avoir d'un même élément puisqu'il s'agit d'images très personnelles.

Par exemple :

Pour retenir, par cette méthode, une liste de pays, on pourra trouver un stéréotype sur chacun de leurs habitants :
- Le Mexicain, en sombrero à l'ombre sous un arbre ;
- L'Écossais, en kilt avec une bouteille de scotch.

Parfois, un seul détail suffit pour stéréotyper.

Par exemple :

Si vous voulez retenir la liste des pays dont les armées ont occupé les quatre secteurs de Berlin après la Seconde Guerre mondiale, avec un seul détail (le couvre-chef), représentez-vous :
- Le Nord-Américain avec un chapeau de cow-boy ;
- Le Britannique avec un chapeau melon ;
- Le Russe avec une chapka ;
- Le Français avec un béret.

Puis, dans une même image fixe, vous pouvez réunir et situer les personnages.

Tester et développer sa mémoire

Les homophones

Cette méthode qui s'inspire des ressemblances de son (cf. « Les rapports de coordination mentale ») est surtout utilisée pour retenir les noms propres.

👋 Les homophones sont des homonymes de même prononciation mais d'orthographe différente.

☞ **Ici, l'identité de sonorité sera souvent très approximative.**

Par exemple :

▸ En symbolique directe, M. Berger évoque immédiatement la vision d'un berger gardant ses moutons.

▸ C'est moins évident pour M. Gérard Berre. Et pourtant, berger rare est la décomposition en portions homophones de Berre Gérard.

☞ **C'est bizarre, mais c'est efficace, surtout si vous avez vous-même trouvé la ressemblance.**

Il y a toujours des solutions. Si celles-ci sont compliquées, nous rappelons que la mnémotechnie est une méthode complémentaire à utiliser en force d'appoint lorsqu'il y a difficulté de mémorisation et que les autres méthodes logiques ne fonctionnent pas.

Les jeux de mots

Comme les homophones, cette technique facilite la mémorisation des noms propres ou communs.

M. Lacroix... « c'est quelqu'un qui fera son chemin ! » Voilà qui n'est pas très respectueux mais facile à retenir.

5. La mnémotechnie

Une stalac<u>t</u>ite <u>t</u>ombe et une stalag<u>m</u>ite <u>m</u>onte. Dès cet instant, les deux variétés de concrétions se visualisent parfaitement.

☞ **N'ayez aucun complexe. Tous les moyens sont bons, pourvu que vous reteniez ce que vous aviez précisément du mal à retenir.**

Par exemple :

Pour retenir les départements et les chefs-lieux :
- « Ah ! <u>race</u> d'avocats, pour vous pas de <u>cas laids</u> » = Arras, chef-lieu du Pas-de-Calais.
- « L'<u>aube</u> les a vus deux, le crépuscule <u>trois</u> » = Troyes, chef-lieu de l'Aube.
- « L'<u>allié</u> d'un meunier doit moudre à son <u>moulin</u> » = Moulins, chef-lieu de l'Allier.
- Et dans la catégorie des mauvais calembours : « Lors de la canicule, on est en<u>core à l'aise</u> vêtu de <u>tulle</u> » = Tulle, chef-lieu de la Corrèze.

Les scenarii

☞ **Il s'agit de créer des images qui se succèdent comme dans un film ou un dessin animé.**

Les différentes images qui s'enchaînent se retiennent mieux parce qu'elles sont reliées entre elles. Elles constituent une chaîne solide, comme dans les rapports de coordination mentale.

Autre avantage, cette technique permet de retenir une liste dans l'ordre souhaité.

Tester et développer sa mémoire

> **Par exemple :**
>
> Supposons que vous souhaitiez mémoriser la liste des différentes sources d'énergie (*cf.* les symboles, page 94) dans l'ordre choisi précédemment.
>
> Affectez d'abord à chaque donnée abstraite un symbole concret et transformable en image forte (cela a déjà été fait).
>
> Bâtissez ensuite votre scénario.
>
> Votre film débute par la vision d'un *moulin à vent* (énergie éolienne) sur une colline dominant la plaine. Sa fonction est de pomper l'eau d'une nappe souterraine qu'il déverse, par godets successifs, dans une *rivière* (énergie hydraulique des cours d'eau) qui se jette elle-même dans la *mer* (énergie hydraulique marémotrice) derrière les dunes.
>
> Ces dunes très hautes et aux sommets acérés évoquent un alignement de *terrils inertes* (énergie minérale inerte). Soudain, un puissant souffle de vent disperse le sable. Il semble que les dunes entières s'envolent en une gigantesque colonne de poussière, comme un *champignon* (énergie nucléaire).
>
> Ce nuage lourd s'abat en un ressac violent sur la pinède voisine déracinant quelques *arbres* (énergie biochimique). Ceux-ci s'enfouissent déjà dans le sable et laisseront peut-être leurs *empreintes dans la couche terrestre* (énergie fossile végétale), comme le firent les grands *reptiles de la préhistoire* (énergie fossile organique).
>
> Mais, à propos d'histoire, la nôtre se termine. Car déjà le vent faiblit et le *soleil* (énergie solaire) réapparaît.

Cette simulation est suffisante pour donner l'exemple du délire utilisable.

☞ **Cette technique s'appuie sur le rêve et le délire, qui y sont vivement recommandés.**

5. La mnémotechnie

Les concaténations

La mémoire des listes, des énumérations, s'appuie essentiellement sur la méthode des concaténations.

👋 Le terme vient du latin *cum catena* signifiant « avec une chaîne ».

☞ **Comme son nom l'indique, la technique consiste à créer, là encore, des liens entre différentes notions à retenir.**

Cette méthode est souvent utilisée pour retenir une liste par cœur.

Les concaténations font appel aux associations d'idées, à la logique, à la création de mots, à la musicalité, au rythme, à l'esthétique, à l'humour, au jeu...

Dans des domaines variés, voici quelques exemples, dont certains sont classiques.

En français

« Mais où est donc Ornicar ? » rappelle les sept conjonctions de coordination (mais, où, et, donc, or, ni, car) grâce à un classement judicieux qui permet d'en faire une phrase intelligible.

En géométrie

« Le carré de l'hypoténuse
Est égal, si je ne m'abuse,
À la somme des deux carrés
Construits sur les autres côtés. »

Ce théorème de Pythagore sera mieux retenu avec cette version poétique qui joue autant sur le rythme (huit pieds pour chaque vers) que sur la rime.

Tester et développer sa mémoire

« Que j'aime à faire apprendre un nombre utile aux sages !
Immortel Archimède, artiste, ingénieur,
Qui, de ton jugement, peut priser la valeur ?
Pour moi ton principe eut de féconds avantages. »

Ce quatrain énumère les 30 premières décimales de Pi par le nombre de lettres de chaque mot : 3,141592653589793238462643383279 et permet de les retenir évidemment beaucoup plus rapidement.

Que j' aime à faire apprendre un nombre utile aux sages !
3 1 4 1 5 9 2 6 5 3 5
Immortel Archimède, artiste, ingénieur,
8 9 7 9
Qui, de ton jugement, peut priser la valeur ?
3 2 3 8 4 6 2 6
Pour moi, ton principe eut de féconds avantages.
4 3 3 8 3 2 7 9

En astronomie

« Mère, viens terminer ma jupe ; sa couture ne tient plus » permet de retrouver les neuf planètes de notre système solaire dans l'ordre croissant d'éloignement par rapport au soleil.

Mère, viens terminer ma jupe sa couture ne tient plus.
Mercure Vénus Terre Mars Jupiter Saturne Uranus Neptune Pluton

Si vous souhaitez ajouter Cérès (les astéroïdes) entre Mars et Jupiter, rajoutez un mot au bon endroit, comme « célèbre » ou « céleste ». « Mère, viens terminer ma *céleste* jupe, sa couture ne tient plus. »

5. La mnémotechnie

En physique

VIBUJOR, couleur imaginaire, donne toutes les couleurs du spectre lumineux : violet, indigo, bleu, vert, jaune, orange, rouge. Pour les besoins de la bonne cause, V (de vert) a été remplacé par U.

En histoire

L'alexandrin « Cesautica, Claunegalo, Vivestido » distribue les césars (successeurs de Jules César) dans l'ordre :
- CESar, AUguste, TIbère, CAligula ;
- CLAUde, NEron, GALba, Othon ;
- VItelius, VESpasien, TItus, DOmitien.

En sciences naturelles

Si vous avez encore les nerfs solides, décryptez le message suivant : « Oh Oscar, ma petite théière m'a fait à grand-peine six grogs. »

La première lettre de chaque mot vous donne dans l'ordre les douze paires de nerfs crâniens.

Oh !	Oscar	ma	petite	théière	m'a	fait	à	grand	peine	six	grogs
1	2	3	4	5	6	7	8	9	10	11	12

1. Olfactif
2. Optique
3. Moteur oculaire commun
4. Pathétique

Tester et développer sa mémoire

5. Trijumeau
6. Moteur oculaire externe
7. Facial
8. Auditif
9. Glosso-pharyngien
10. Pneumogastrique
11. Spinal
12. Grand hypoglosse

Vous auriez pu aussi bien utiliser une autre phrase comme : « Oh ! Oscar, ma petite Thérèse m'a fait à grand-peine six gosses » ou « Oh ! oui, mon paletot, tu m'as fait assez grelotter pendant six grands hivers. »

Vous pouvez ainsi constater que la méthode est souple et qu'il est pratiquement impossible de ne pas trouver une phrase appropriée.

Annexes

Réponses aux exercices

☞ **Exercice n° 1 : l'horloge (mémoire visuelle)**

Sur les horloges et les montres traditionnelles, le chiffre romain IV s'écrit IIII, comme à l'époque des premiers cadrans solaires. Regardez votre montre ou votre réveil ou l'horloge à proximité de chez vous. Cela, étant hors norme, aurait dû attirer votre attention. Et pourtant, si tout le monde a « vu » des horloges, des réveils ou des montres avec ce chiffre, peu de gens ont vraiment « regardé » et retenu ce détail, hormis les professionnels. Et vous ?

☞ **Exercice n° 2 : la planche d'objets (mémoire visuelle)**

Si vous avez retenu 19 ou 20 objets, votre mémoire visuelle est excellente.

17 ou 18, c'est très bien.

15 ou 16, c'est bien.

13 ou 14, c'est moyen.

11 ou 12, c'est faible.

10 ou moins, c'est nettement insuffisant.

☞ **Exercice n° 3 : les déserts, un problème d'eau (mémoire visuelle)**

Réponses :

1. Moins de 25 cm (1 point).
2. 41 °C (1 point).
3. Gobi ou Atacama (1 point).
4. L'écureuil terrestre (1 point).
5. Boire (1 point) + extraire la quantité d'eau de leur nourriture (1 point).
6. Excrétion ou urine (1 point), évaporation ou respiration (1 point), évaporation ou transpiration (1 point).
7. Non (1 point) ; c'est l'inverse : rat kangourou américain et gerboise du Sahara.

Tester et développer sa mémoire

Votre total : ... / 10

Si vous avez 10 points, c'est excellent.

9 points = très bien.

8 points = bien.

7 points = moyen.

6 points = faible.

5 points et moins = nettement insuffisant.

☞ **Exercice n° 4 : l'histoire racontée (mémoire auditive)**

Accordez-vous un point pour chaque idée du texte reprise justement. Le maximum est de 25 points.

Les éléments contenant des noms propres et des nombres doivent être donnés avec précision. Ainsi, « Martin Galles », « Paris », « 19e », « 7 », « 50 », « 3 », « 2 ».

« Agent de police » pour « commissaire » ou « enfants » pour « petits enfants » ne doivent pas être considérés comme des réponses exactes. Le sens a été modifié.

Si le sens a été correctement rappelé, la réponse est considérée comme exacte. Ainsi « restau » pour « restaurants », « commissariat » pour « poste de police », « employé » pour « travaillant ».

Votre total : ... / 25

Si vous avez 24 ou 25 points, votre mémoire auditive est excellente.

22 ou 23 points, c'est très bien.

20 ou 21 points, c'est bien.

18 ou 19 points, c'est moyen.

16 ou 17 points, c'est faible.

14 ou 15 points, c'est très faible.

13 ou moins, c'est nettement insuffisant.

Réponses aux exercices

☞ **Exercice n° 5 : les baleines et les dauphins (mémoire auditive)**

Réponses :

1. 11 355 mètres (réponse bonne à 500 mètres près = 1 point).
2. 66 (1 point).
3. Cétacés à dents ou odontocètes (1 point) + cétacés à fanons ou mysticètes (1 point).
4. Le narval (1 point).
5. À l'aide de poumons ou en surface (2 points).
6. Parce qu'elles n'emportent que peu d'air dans leurs poumons ou parce que la quantité d'azote dissous dans le sang est faible et non dangereuse (2 points).
7. Non (1 point).

Votre total : ... / 10

Si vous avez 10 points, c'est excellent.

9 points = très bien.

8 points = bien.

7 points = moyen.

6 points = faible.

5 points et moins = nettement insuffisant.

Comparez vos résultats à ceux de l'exercice de mémoire visuelle « Les déserts : un problème d'eau » et comparez en particulier vos résultats aux questions portant sur des chiffres, des noms et des idées.

☞ **Exercice n° 6 : conditions physiques (auto-évaluation pour la mémoire)**

Si vous avez 30 points, vos conditions physiques pour la mémoire sont excellentes.

27 à 29 points, c'est très bien.

24 à 26 points, c'est bien.

21 à 23 points, c'est moyen.

18 à 20 points, c'est faible.

Tester et développer **sa mémoire**

15 à 17 points, c'est très faible.

Moins de 15, c'est nettement insuffisant.

☞ **Exercice n° 7 : les 11 lettres (concentration)**

Si vous avez réussi, vous êtes au-dessus de la moyenne.

9 et 10, c'est moyen.

8 et moins, c'est faible.

☞ **Exercice n° 8 : les 19 lettres (concentration)**

Si vous n'avez pas réussi, ce n'est pas surprenant. En effet, à raison de 2 secondes par lettre ou chiffre, vous mettez plus de 20 secondes pour lire l'ensemble et vous avez donc des difficultés pour répéter machinalement (sans enregistrer) en phase de mémoire ultra-courte.

☞ **Exercice n° 9 : des « s » et des « e » (concentration)**

Il faut tenir compte :

- ▸ des bonnes réponses (BR) : 169 signes doivent être soulignés ;
- ▸ des mauvaises réponses (MR) : « e » et « s » soulignés à tort ;
- ▸ des réponses omises (RO) : « e » et « s » oubliés.

Votre score est égal à BR – MR – RO/2.

> « Ma chère maman,
> Si je ne t'ai pas écrit, ces temps-ci, c'est que nous avons passé de tristes moments et que je ne tenais pas à t'affliger. Au commencement du mois, nous nous sommes vus à bout de ressources et tu as failli apprendre des nouvelles lamentables par le journal de notre localité. (36)
> Henri n'avait pas touché les trois cents francs qu'on lui avait promis. On devait de l'argent à tous les fournisseurs qui ne voulaient plus nous livrer à crédit. Aussi, vois-tu, jeudi dernier, nous avons failli dîner à la strychnine. Mon mari était déjà descendu pour préparer la dose dans son laboratoire… (26) (total cumulé 62)
> Mais avant d'en venir à cette extrémité, je me suis agenouillée, chère maman, j'ai prié avec ferveur et ô miracle ! le timbre de la porte a retenti, un homme s'est précipité dans la boutique. (10) (total cumulé 72)

Réponses aux exercices

Dieu avait entendu ma prière : un ca<u>s</u> d'angin<u>e</u> diphtérique venait de <u>s</u>e déclarer dan<u>s</u> not<u>re</u> ville. (6) (total cumulé 78)
Le lendemain, autre ca<u>s</u> ch<u>e</u>z le maire. Il e<u>st</u> tr<u>ès</u> rich<u>e</u>, maman. Il a fait chercher à profu<u>s</u>ion d<u>es</u> pinc<u>e</u>aux, de l'iode, que <u>s</u>ais-j<u>e</u> ? enfin de quoi payer notre boucher. (12) (total cumulé 90)
La chance continuant, le dome<u>s</u>tiqu<u>e</u> du château tombe de cheval et <u>s</u>e ca<u>sse</u> la jambe. On lui a fait l'amputation. Nou<u>s</u> <u>l</u>eur avon<u>s</u> <u>e</u>nvoyé dix paquet<u>s</u> de ouat<u>e</u> anti<u>s</u>eptique et du <u>s</u>ublim<u>é</u> ! et du taffeta<u>s</u> gomm<u>é</u>, chère maman, troi<u>s</u> m<u>è</u>tr<u>es</u> d<u>e</u> taffeta<u>s</u> gomm<u>é</u> ! Et le <u>s</u>oir m<u>ê</u>me de ce jour, tout ju<u>s</u>t<u>e</u> à point pour payer l'école de notre petit Ga<u>s</u>ton, un homm<u>e</u>, à côté de chez nou<u>s</u> <u>s</u>e fait mordre par un chien enragé ! (32) (total cumulé 122)
Hier <u>s</u>oir, nous somm<u>es</u> all<u>és</u> au th<u>é</u>âtre où une troupe de pa<u>ss</u>ag<u>e</u> jouait le Carnaval d'un merle blanc. Mon mari m'a payé le <u>sp</u>ectacle, grâce à une petite épidémie de cholérine qui <u>s'</u>était déclarée dan<u>s</u> l'apr<u>ès</u>-midi à l'asil<u>e</u> d<u>es</u> v<u>i</u>eillard<u>s</u>. (19) (total cumulé 141)
Nous t'<u>e</u>mbra<u>ss</u>ons c<u>e</u>nt foi<u>s</u>, maman. <u>Embrasse</u> papa. (7) (total cumulé 148)
Lucienne.
P. <u>S</u>. : La providen<u>c</u>e <u>s</u>e la<u>ss</u>erait-elle ? Il nou<u>s</u> arriv<u>e</u> un malheur. Le père Galouche vient de mourir. C'était un <u>s</u>i brav<u>e</u> homme et qui <u>s</u>ouffrait si r<u>é</u>gulièrement et <u>s</u>i cru<u>e</u>llement de cri<u>s</u>es h<u>é</u>patique<u>s</u>. Il avait un bon compt<u>e</u> à la mai<u>s</u>on. » (21) (total cumulé 169).

Votre total : ... / 169

Si votre score est de 169 et le temps réalisé inférieur à 3 minutes : précision et endurance, adaptation très rapide, très bonne concentration.

Si votre score est inférieur à 165 et le temps réalisé supérieur à 6 minutes : faiblesse de la concentration.

Si le nombre de mauvaises réponses ou de réponses omises diminue au fur et à mesure de l'exercice : capacité d'apprentissage et de perfectionnement.

Si le nombre de bonnes réponses se maintient tout au long de l'exercice : effort soutenu jusqu'au bout.

Si le nombre de bonnes réponses diminue au fur et à mesure de l'exercice ou que les résultats sont très inégaux : mauvaise adaptation à un travail monotone et réclamant vitesse et précision, état de fatigue ou désintérêt.

Tester et développer sa mémoire

☞ **Exercice n° 10 : cartes remémorées (concentration)**

12 à 16 bonnes réponses = très bonne capacité de concentration.

7 à 11 bonnes réponses = moyen.

6 et moins = faible.

☞ **Exercice n° 11 : interruptions (concentration)**

Aucune interruption = excellent.

Une interruption = bien.

Deux interruptions = moyen.

Plus de deux interruptions = faible.

☞ **Exercice n° 12 : organisation (auto-évaluation pour la mémoire)**

Si vous avez 30 points, votre organisation est excellente pour apprendre et retenir.

27 à 29 points, c'est très bien.

24 à 26 points, c'est bien.

21 à 23 points, c'est moyen.

18 à 20 points, c'est faible.

15 à 17 points, c'est très faible.

Moins de 15, c'est nettement insuffisant.

☞ **Exercice n° 13 : puzzle de nombres (classification)**

Si vous avez mis plus de 2 minutes 30, vous n'avez probablement pas cherché pendant vos 30 secondes d'observation à effectuer un classement. Sinon, vous auriez constaté que les nombres étaient déjà classés :

▶ en haut les nombres de 1 à 30 et en bas ceux de 31 à 60 ;

▶ à gauche les nombres impairs et à droite les nombres pairs.

Soit quatre catégories :

▶ en haut à gauche, les nombres impairs de 1 à 29 ;

▶ en haut à droite, les nombres pairs de 2 à 30 ;

Réponses aux exercices

- en bas à gauche, les nombres impairs de 31 à 59 ;
- en bas à droite, les nombres pairs de 32 à 60.

Si vous avez utilisé ce classement, vous avez gagné certainement beaucoup de temps.

☞ Exercice n° 14 : classement de chiffres et de lettres (classification)

Une solution possible consistait à prendre la liste en sens inverse, ce qui donnait des noms de marques de voitures :

- pour la première série : FIAT, FORD, BMW ;
- pour la deuxième série, ces mêmes marques auxquelles s'ajoutent deux marques supplémentaires : FORD, OPEL, BMW, AUDI, FIAT.

Cet exercice illustre bien qu'avec de tels classements, la mémorisation est beaucoup plus efficace.

☞ Exercice n° 15 : séries (classification)

Il s'agit des quatre séries suivantes :

- les cinq voyelles : A E I O U ;
- la suite de lettres : J K L M N ;
- la suite de nombres avec un écart de 3 : 3 6 9 12 15 ;
- la suite de nombres doublés à chaque fois : 2 4 8 16 32.

Si vous avez mis plus de 3 minutes pour trouver, c'est faible.

☞ Exercice n° 16 : compréhension d'une phrase (classification)

Pour apprendre, il faut comprendre.
Et pour comprendre, il faut notamment reformuler.
En reformulant, la réponse apparaît nettement :

- Être sans ignorer = savoir
- Ne pas être sans ignorer = ne pas savoir
- « On ne peut pas ne pas être sans ignorer » = « On ne peut pas ne pas savoir » = on sait.

Tester et développer sa mémoire

☞ Exercice n° 17 : les 9 points (imagination)

Pour trouver la solution, il faut sortir des 9 points. Ce n'était pas indiqué, certes. Mais ce n'était pas non plus interdit. Dans le domaine de l'imagination, il faut prendre des libertés et oser.

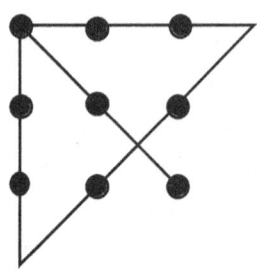

☞ Exercice n° 18 : les arbres (imagination)

Voici la solution :

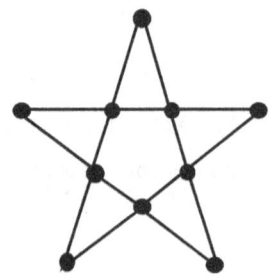

☞ Exercice n° 19 : le bracelet (imagination)

Réponse : 3 (les 3 anneaux d'un seul des 5 morceaux).

OOO OOO OOO OOO OOO

C C C OOO OOO OOO OOO

OOO C OOO C OOO C OOO

Réponses aux exercices

☞ Exercice n° 20 : première liste (rapports de coordination mentale)

Moins d'une minute = excellent.
De 1 à 2 minutes = bien.
De 2 à 3 minutes = assez bien.
De 3 à 4 minutes = moyen, il faut s'entraîner.
De 4 à 5 minutes = insuffisant, il faut s'entraîner encore plus.

☞ Exercice n° 21 : deuxième liste (rapports de coordination mentale)

- Bal à costume : rapport au 2e degré, bal ⇨ bal costumé ⇨ costume. Soit ensemble à cas particulier, puis complémentarité.
- Costume à veste : tout à partie.
- Veste à cuir : rapport au 2e degré, veste ⇨ veste en cuir ⇨ cuir. Soit ensemble à cas particulier, puis effet à cause.
- Cuir à vache : rapport au 2e degré, cuir ⇨ peau de vache ⇨ vache. Soit effet à cause, puis partie à tout.
- Vache à taureau : complémentarité ou même ensemble ou contraste.
- Taureau à corrida : complémentarité.
- Corrida à Espagne : contiguïté simultanée.
- Espagne à Pyrénées : tout à partie.
- Pyrénées à Alpes : même ensemble.
- Alpes à neige : contiguïté simultanée.
- Neige à glace : même ensemble ou contiguïté successive.
- Glace à cocktail : complémentarité ou tout à partie.
- Cocktail à Manhattan : ensemble à cas particulier (le Manhattan est un célèbre cocktail).
- Manhattan à USA : partie à tout.
- USA à Disneyworld : tout à partie.
- Disneyworld à jeu : cause à fonction ou cause à but.
- Jeu à échec : ensemble à cas particulier (jeu d'échec).

Tester et développer sa mémoire

- Échec à mat : cause et but, contiguïté successive (échec puis mat), contiguïté simultanée (échec et mat).
- Mat et brillant : contraste.

☞ **Exercice n° 22 : les 3 (analogies numériques)**

Cinq réponses parmi d'autres : 3 côtés d'un triangle, 3 feuilles d'un trèfle, 3 mousquetaires, 3 sœurs (Tchekhov), 3 classes de l'ancien régime (Clergé, Noblesse, Tiers État).

☞ **Exercice n° 23 : les 7 (analogies numériques)**

Sept réponses parmi d'autres : 7 jours de la semaine, 7 Merveilles du monde, 7 samouraïs ou mercenaires (film japonais ou film américain), 7 péchés capitaux, 7 nains de Blanche Neige, 7 branches du chandelier, 7 notes de musique.

☞ **Exercice n° 24 : phrases à déchiffrer (articulations chiffrées)**

- L'Everest culmine à 8 840 mètres (v, f, r, s).
- Le sommet du K2 atteint une altitude de 8 620 mètres (v, ch, n, s).
- La première ascension de l'Everest date de 53 (l, m), donc 1953.
- La longueur de la Seine est de 760 km (c, v, x, valable pour ceux qui ont choisi l'option x = s = 0).
- Le squelette est composé de 211 os (n, d, t).

Table des exercices

Exercice n° 1 : l'horloge 19
Exercice n° 2 : la planche d'objets 20
Exercice n° 3 : les déserts, un problème d'eau 22
Exercice n° 4 : l'histoire racontée 25
Exercice n° 5 : les baleines et les dauphins 25
Exercice n° 6 : condition physique 29
Exercice n° 7 : les 11 lettres 35
Exercice n° 8 : les 19 lettres 36
Exercice n° 9 : des « s » et des « e » 36
Exercice n° 10 : cartes remémorées 38
Exercice n° 11 : interruptions 38
Exercice n° 12 : organisation 41
Exercice n° 13 : puzzle de nombres 48
Exercice n° 14 : classement de chiffres et de lettres 49
Exercice n° 15 : séries 49
Exercice n° 16 : compréhension d'une phrase 50
Exercice n° 17 : les 9 points 51
Exercice n° 18 : les arbres 51
Exercice n° 19 : le bracelet 52
Exercice n° 20 : première liste 70
Exercice n° 21 : deuxième liste 71
Exercice n° 22 : les 3 75
Exercice n° 23 : les 7 75
Exercice n° 24 : phrases à déchiffrer 89

Table des matières

Sommaire. 5
Remerciements 7
Préambule 9
Première partie : Évaluer et améliorer ses aptitudes 11
Chapitre 1 : Les aptitudes physiques 15
Évaluez et améliorez votre mémoire visuelle 19
   Exercices d'auto-évaluation. 19
   Conseils pour améliorer votre mémoire visuelle 24
Évaluez et améliorez votre mémoire auditive. 24
   Exercices d'auto-évaluation. 25
   Conseils pour améliorer votre mémoire auditive. 28
Évaluez et améliorez votre condition physique 29
   Exercice d'auto-évaluation 29
   Conseils pour améliorer votre condition physique 30

Chapitre 2 : Les aptitudes psychiques 33
Évaluez et améliorez vos aptitudes de concentration 35
   Exercices d'auto-évaluation. 35
   Conseils pour améliorer votre concentration 38
Évaluez et améliorez vos aptitudes d'organisation 41
   Exercice d'auto-évaluation 41
   Conseils pour améliorer votre organisation 42

Chapitre 3 : Les aptitudes intellectuelles 45
Évaluez et améliorez vos aptitudes de classification. 47
   Exercices d'auto-évaluation. 48
   Conseils pour améliorer votre classification. 50
Évaluez et améliorez vos aptitudes d'imagination 50
   Exercices d'auto-évaluation. 51
   Conseils pour améliorer votre imagination 52

Tester et développer sa mémoire

Deuxième partie : Utiliser des méthodes efficaces et adaptées 53

Chapitre 4 : Les méthodes logiques 57

Les documents synoptiques 59
    Le tableau... 60
    La fiche 62
    Le schéma... 64

Les rapports de coordination mentale............................. 65
    Liste des rapports de coordination mentale..................... 65
    Conseils pour une bonne utilisation 68
    Applications à la mémoire des idées 71

Les comparaisons numériques 73
    Les analogies numériques..................................... 73
    Les unités de mesure 75
    Les créations d'exemples..................................... 77

Chapitre 5 : La mnémotechnie 79

Les articulations chiffrées 82
    Processus 83
    Applications aux dates simples 86
    Applications aux dates complexes.............................. 86
    Conseils 88

Les images 89
    Les analogies 90
    Les symboles 93
    Les clichés 94
    Les homophones.. 96
    Les jeux de mots 96
    Les scenarii... 97

5. La mnémotechnie

Les concaténations 99
    En français 99
    En géométrie 99
    En astronomie 100
    En physique 101
    En histoire. 101
    En sciences naturelles. 101

Troisième partie : Annexes **103**
Réponses aux exercices **105**
Table des exercices **115**

www.ingramcontent.com/pod-product-compliance
Lightning Source LLC
Chambersburg PA
CBHW071711040426
42446CB00011B/2024